理財不必學，就能輕鬆賺

## 理財是為了樂活

作為一個學經濟的人，常有周遭朋友問我：「你應該會理財吧！」很汗顏，我經常穿梭於各種會議場合或爬格子寫報告，忙碌了二十幾年，仍然是「我不理財，財不理我」！人在中年，望向未來，總不免有所為何來的感慨。在本書作者施昇輝身上和言行中，你卻見不到這種感慨。

昇輝是我台大法學院的跨系同學，兩人在軍中受訓期間淬煉了革命感情。他最為人稱道的是筆觸敏銳的影評文章和時常掛在臉上的爽朗笑容。多年不見後最近再重逢，他臉上仍然是可掬的爽朗笑容，但我卻已略顯老態。倒不是他的人生沒有風霜，而是過去十年來活得自在寫意。

他曾經任職多家證券商，但在 2003 年離開職場，成為專職股市投資人，情有獨鍾地玩一支股票，自立自強為自己賺人生的月退俸，交出年獲利超過 18 趴的成績單和理財心得，並走出一段輕鬆樂活的逆轉人生。化繁為簡需要大智巧思，而只玩一支股票，需要且能夠玩出精煉的理財紀律。不會理財的我，沒辦法依樣畫葫蘆地幫他說出理財心得的精髓，但我的確羨慕他無案牘之勞形的快意人生，儘管因為常年輕

鬆而可能仍然還有絲竹之亂耳。

如何超過 18 趴的方法，已經在他的第一本書《只買一支股，勝過 18%》裡有非常完整而無私的介紹，而在這本新書中，他又把多年的投資理念和心得，做了更清楚的論述。其中有篇〈這個泛股票化的社會〉最深得我心，因為目前政府制定的很多產業政策，都被簡單解讀成振興股市的利多政策，結果大家只求立竿見影的短期效益，而不再用心思考更福國利民的長遠規劃。此外，在〈投資和投機〉中，點出了美國推動 QE 狂印鈔票，熱錢四處流竄的後果，並沒有進入實質的產業投資，只是造成金融市場榮景的假象。美其名為「投資」的投機行為，其實是非常危險的。

這本書只適合像我這種開始規劃退休金的半老族嗎？我不這樣認為。即使是年輕人，只要你不是志在巨富大貴，而是希望在工作仍有成就之餘，還能同時享受樂活人生，昇輝和他的書都有值得你參考之處。不需要到時留與他年說夢痕；順著他的心法實踐，我們都可以活出一個一起追的樂活人生。

中華經濟研究院國際所所長

## 推薦序 | 施老師教會你一招走江湖

我與昇輝是高中前後屆校友，在校時不熟。後來他也考上台大，又成了我的學弟。因為常常一起辦校友會的活動，而比較熟悉起來。時間久遠，對他的記憶就是他非常愛看電影。他不光是影迷，還自己編劇導演，拍實驗電影，十足的文藝青年，讓我這也是影迷的學姐印象深刻。

畢業後，我出國留學又到大陸工作多年，與校友漸行漸遠，也與昇輝完全失聯，一晃就是三十年。去年突然在臉書上被找到，而重新聯絡上。碰面聊天後，才知他已從職場退出，自己操作股票，還能以此持家，養活一家人，包括父母、妻子、還有三個孩子。我雖是經濟系畢業，但對股票市場及操作十分外行，加上後來一直從事房地產相關行業，因此當下趕緊請教，也獲知他精研多年的獨門理財絕活，居然是只買一支股。

昇輝聰明絕頂，積數十年股市翻滾經驗，歸納出這樣童叟皆懂的簡單招式。招式簡單，卻已是「看山不是山」之後，又「看山是山」的高深境界。好像武林高手，出手簡捷，卻招招到位，式無虛發。而這位股林高手，也是說故事高手，他能以簡單的說明，讓我們學會在股

海賺錢的方法。我聽他說了幾次，又照他第一本書的做法，小試幾下，果真有斬獲，而且完全不花任何精力，因此已成為他的門下信徒，乖乖聽昇輝的話，默默賺養老本的錢。

昇輝從小就特別詼諧幽默，因此硬梆梆的理財理論，由他分析起來，高潮迭起，引人入勝，聽得大家嘻嘻哈哈，卻又不知不覺進入股票叢林，成為狡黠的捷兔。不管股市高低，穩穩淡定的跟著大市起伏，伺機出手與脫手。

我特別讚賞他書中的一個重要觀念：「工作是正餐，理財是附餐」。但是，時下很多年輕人常以為理財就能一夕致富，結果因為本末倒置，反而造成工作表現不佳，理財又患得患失，到頭來事業錢財皆成空。他還斬釘截鐵說，一年出手三次就夠了，短線進出只是徒增焦慮而已，這也比較吻合我最熟悉的房地產投資習性。

很榮幸昇輝要我幫他作序，大概是因為我誠心稱他為施老師，還請他跟朋友分享他的絕技吧。他的這本新書深入淺出，句句易懂，而且對個人理財真的有所幫助。我鄭重向您推薦昇輝這本力作。

**台北 101 大樓事業處總經理**　楊文琪

## 作者序 | **巴菲特與韋小寶**

　　從來沒有人會把巴菲特和韋小寶這兩個人放在一起討論和比較，因為一個是真實世界的股神，另一個卻是虛構小說的英雄。但是，他們有兩個共同點，那就是「成功」和「簡單」。

　　巴菲特的財富全球第二，但他的股市投資方法其實非常簡單。他最有名的一段話就是「如果你買的股票不想長期持有，那根本就不該買。」他還說：「大家如果有積蓄的話，可以買指數基金，根本不用聽我這種理財顧問的話，也不用看太多財經新聞。」他幾乎從來不提複雜的技術分析，只說：「別人恐懼時，我貪婪。」他根本不像理財專家，只是一個愛吃雪糕的老頑童。

　　《鹿鼎記》裡的韋小寶，是金庸武俠小說的所有主角中，武功最差，但卻最幸福的一個。他不只娶了七個如花似玉的老婆，而且加官晉爵，享盡榮華富貴。他不像張無忌、令狐沖、郭靖、楊過那樣擁有超卓的武功和非凡的俠義精神，但他就是夠機伶，總能逢凶化吉，使命必達。「鹿鼎」的典故之一，取自「人為鼎鑊，我為麋鹿」，與廣大股民在股市中的險峻處境，竟然也有微妙的連結。

　　巴菲特靠的是智慧，韋小寶靠的是一招半式。他們完全沒有令人稱羨的十八般武藝，離「專家」的境界，可說有十萬八千里之遙，但他們都是不折不扣的「贏家」。大家都聽過一句名言：「股市裡沒有專家，只有贏家和輸家。」但是，廣大股民都誤認「理財專家」就是「股市贏家」，花了很多時間聽他們的言論，看他們的文章，結果呢？

　　如果能建立「一些」簡單的觀念，擁有「一個」簡單的方法，我們是不是就不用再被不同「理財專家」的不同看法所困擾？如果真能如此，是不是根本不必學理財，就能把自己的財富管理好？

　　這就是我寫這本書的緣起。

　　出書的目的之一，是希望和讀者分享知識，讓讀者在專業領域更精進。但是，我寫這本書卻非常惶恐，因為我並不是用「專家」的角度來教導讀者，因此大家可能會覺得不夠專業。裡面幾乎沒有投資人想要再深造的基本分析和技術分析，甚至我還試圖顛覆很多大家早已根深蒂固的理財觀念。但是，理財真的是因為太難，所以才讓大部分的人賺不到錢嗎？

　　有這麼難嗎？說穿了，只是「觀念」的差別，

絕對不是「專業」的差別。

　　舉個例來說，股票能否賺錢的關鍵，不過就是「低買高賣」四個字而已。但是，大部分人卻總是「高買低賣」。為什麼？因為「人性」中的僥倖心態，讓大家以為，就算買貴了，只要買了之後還有高價，一樣能賺錢。然後就做了錯誤的「判斷」，買進之後，結果慘遭套牢。你以為這家公司基本面非常好，技術線型也是多頭排列，但你就是買在高價，因為你沒有遵守「紀律」，買在它還在低檔的時候。

　　大部分的理財專家都在講「判斷」，但我這本書大部分的篇幅都在說「紀律」。此外，大部分的理財專家都在講「技術」，但我覺得「觀念」更重要。誰說，雞蛋不可以放在同一個籃子裡？「複利效果」的神話，讓大家把賺來的錢通通再投入，但我卻主張「把投資賺來的錢拿去花掉」。理財只要打敗通貨膨脹率，就及格了，因為期望報酬率不高，你就不會躁進。還有，「一分耕耘，一分收穫」在投資理財上，不見得是真理，反而「懶惰」才是美德。最重要的是，不要自欺欺人，說買賣股票是「投資」，它其實骨子裡根本就是「投機」，該買就買，該賣就賣。你可能會說，這些都是歪理，而且又如何能改變自己賠錢的宿命呢？但你不妨耐

心看完每一篇短文,再來反駁我不遲。反正每一篇文章都不長。

當然,我還是花了一些篇幅,挑戰了很多基本分析和技術分析的舊思維。對於投資人非常倚賴的媒體訊息,也不厭其煩地提醒這些資訊帶來的盲點和迷思。

本書重點當然以股票為主,但理財商品眾多,我還是試著面面俱到。其中有比較爭議的話題「買房子?還是租房子?」、「有多少錢才敢退休?」,也有苦口婆心的呼籲,如「別奢望有保本的商品」和「不要什麼都當作投資」等等。

同時,很多理財的觀念並不一定出現在投資市場裡,反而在日常生活中也可以得到很多的啟發。例如,行車的重要配備 GPS、有名的佳德鳳梨酥、《星光大道》第一屆冠軍林宥嘉、帥哥湯姆‧克魯斯,甚至很多笑話,都可以在投資理財上,產生醍醐灌頂的效果。

我希望大家用很輕鬆的心情來看這本書。投資其實非常簡單,何需太焦慮?工作是正餐,理財是附餐。唯有觀念正確,心態健康,這樣才能享受樂活的人生。

# 目錄

## 第五單元 ETF 推薦篇

# 第一單元 9 觀念建立篇

# 01 判斷、紀律、人性

2012 年 12 月，我出了第一本書《只買一支股，勝過 18%》，承蒙讀者厚愛，賣得還不錯，因此有機會接受不同單位的邀請，舉辦投資講座。對於書上沒有充分發揮的重點，有了多次用口頭補充的機會。這一篇短文的內容，其實就是每一場講座的結語。透過這本書，又讓我有機會和無法前來參加講座的人，能夠再做一次更完整的闡述。

股票投資其實只有三招：「判斷」、「紀律」和「人性」。

·上焉者「判斷」。

判斷國內外政經情勢的發展，究竟是有利投資？還是不利投資？判斷個別公司未來的成長前景，究竟是該買？還是該賣？判斷各項技術指標，是現在買？還是等幾天再買？是現在賣？還是等幾天再賣？判斷正確，當然賺大錢。

在自己還沒判斷之前，或是自己不知如何判斷時，大家習慣從報章雜誌或電視廣播中，先聽聽專家怎麼說。

但是，奇怪耶，這些專家的看法從來沒有一次相同過，有多也有空。有一句話形容得非常貼切：「十個經濟學家有十一種看法。」因為有人會講得模稜兩可，好像兩種看

法都並存。結果呢？聽完之後，你還是一頭霧水。

到頭來，還是要自己判斷。這時候，你不是判斷國內外情勢或個別公司的情況，你是要判斷自己相信哪一個專家的看法。你買了股票，你就相信看多的專家；你手上沒有股票，或甚至放空股票，你就相信看空的專家。對不對？

「判斷」真的很難，所以它值得高報酬的回饋。賺大錢的人，真是很會判斷嗎？別傻了，他只是比你多了一條「內線」。

・次焉者「紀律」。

沒有「內線」的你，怎麼辦？只有遵守「紀律」一途。紀律的依據，就是很多投資人都相當熟悉的「技術指標」。

技術指標沒有判斷的問題。它已經夠低了，就是可以買進的時機；它太高了，就是該賣的時候了。股票市場永遠反應在事情發生之前，當它真正發生時，早就完全反應過了。

你若一直要等到全世界都欣欣向榮時，才要進場的話，恐怕這輩子都不用買股票了。你說，我不會等這麼久，但至少歐債危機要完全解決吧？若是如此，為什麼歐美股市在歐債危機仍混沌時，早就不斷創新高了？

　　我喜歡用 KD 指標做為紀律的依據。KD 永遠在 0 到 100 之間起伏，越低越該買，越高越該賣。K 值從低檔向上突破 D 值，就是「黃金交叉」，確定要漲；K 值從高檔向下穿越 D 值，就是「死亡交叉」，確定要跌。

　　你不一定要學我用 KD 值，用別的技術指標也可以。但是，真正的問題是所有股票都適用嗎？錯！

　　個股都有想像空間，KD 值容易鈍化。投機股一直漲，就算 K 到了 95 以上，它還是繼續漲，因為大家都對它的未來過度樂觀，你太早賣，會少賺一大段。反之，一旦主力棄守，早就獲利了結，它就會跌到萬丈深淵，K 就算跌到 5，一樣不回頭。投機股的宿命就是如此，有時連龍頭股也難逃，宏達電（2498）就是投資人的最痛。

　　只有大盤指數的 KD 不容易鈍化，一來它沒有想像空間，二來沒有人能夠操控它，即便外資，也只能在期貨結算前 5 分鐘，偶爾施展一下他們的能耐。

・下焉者「人性」。

　　人性三大弱點「貪婪」、「恐懼」和「僥倖」，就是你一直賠錢的最大致命傷。漲時貪婪，想要賺更多，不知風險已臨門；跌時恐懼，想等更低點才進場，結果反彈一路

不回頭。

最糟糕的是「僥倖」。漲時繼續追高，想說自己不會那麼倒楣，就是那最後一隻老鼠吧？很不幸，你真的是那最後一隻老鼠。套牢之後，成天祈禱它會反彈，就可以解套，結果從四位數跌到三位數，再跌到兩位數，沒有停損的下場，就是把它當壁紙，最後忘了它。最不堪的是，一路攤平，攤到躺平。

股票投資一定要把人性放一邊，但好難喔。為什麼 90% 的投資人都賠錢，因為人性難違。

這是老生常談，因此只有遵守紀律，才能放下人性。如果不需判斷，只要紀律，就不用再聽理財專家說什麼了，是吧？

判斷正確是專家，遵守紀律是贏家，順著人性是輸家。

# 02 投資和投機

　　我對這兩個詞兒的定義或許和很多人不同。我認為「投資」是花錢之後，自己對這件事依然有掌控權，而「投機」則是不再具有掌控權，只是在找時機把它賣掉來獲利。

　　很多人都振振有詞說自己在「投資」股票，但是除非你當選公司的董事或監察人，否則怎麼可能了解公司真正的營運狀況？等你看到財務報表時，都已經是發生的事實，可謂「後知後覺」，該買該賣早就錯失最好的時機了。一般小股東可能連一年一度的股東會都懶得參加，頂多去拿個紀念品，怎好意思稱自己在「投資」這家公司？

　　因此，有人就戲稱台灣股市是一個大賭場，幾乎所有的人都以賺差價為目標，這和「投機」有何差別？或許，相對期貨而言，股票是可以拿來看做是「投資」，但這多半要等到你套牢後，你才會如此看待。期貨每個月要結算，屆時賺賠一翻兩瞪眼，但股票只要不賣就不賠，不管市值剩多少，放在集保存摺裡至少還是一項資產。

　　就因為存在這種鴕鳥心態，所以自己美其名為「投資」，其實根本是自己騙自己。如果你一開始就認定買賣股票是「投機」行為，你就會嚴格去遵行停損的紀律。有些人甚

至套牢好多年後，都忘記還持有什麼股票了。

　　一家公司只要「認真」經營，應該都能存續很久，但能否「有效」經營，又是另外一件事，也就是說，它到底能有幾年好光景？市場競爭變化太快，消費者喜新厭舊，企業經營人事更迭，都不能確保公司可以維持一流的經營績效。或許可口可樂靠單一口味屹立上百年，是唯一的例外，其他任何產品或經營型態都有它的生命週期，如何能保證股價永遠不墜？台積電（2330）夠好吧？張忠謀只要一提接班計畫，市場就擔心得要命。王永慶一走，台塑（1301）真的不再是以前的台塑了。請問，一家公司真能讓你安心「投資」一輩子嗎？如果不能的話，就把它們都當「投機」吧！

　　什麼能當「投資」呢？自己出資創辦，自己參與經營的事業，才能算是「投資」。無論是小如咖啡廳，或是大如生產事業，都是自己夢想的實現。經營得好，可以上市上櫃，也可以見好就收，被別人併購。前者仍掌控經營，後者變現享福去，或者再去新創一家。

　　我以前做承銷業務時，認識一家生產航太零組件的公司，經過多年努力，終於得到國外飛機製造商的認證。這時，就有一個國內知名集團想用兩三倍的價格來購併它。

董事長曾經心動，但他覺得只要拿到訂單，未來上市之後應該會有更大的回報，所以最終沒有成交。結果 911 恐怖攻擊發生，飛機訂單全部凍結，該公司也不堪資金壓力，結束了營業。

如果你是一個上班族，充實自己的專業能力，拓展自己的人脈，也是對自己的「投資」。不論是花費多少金錢，還是多少時間，你都穩賺不賠。你的能力越強，就越容易被同業看見，到時候他們一定會用高薪和股票分紅來挖角你。你不會像那家航太公司董事長那麼猶豫不決，人往高處爬，天經地義！投資「事業」有風險，投資「自己」零風險。

大家都愛把「投資理財」四個字掛在嘴邊，認為「理財」就是「投資」，這反而造成了盲點和迷思。企業面對投資行為，會區分成兩種賺差價的叫「金融性投資」，放眼未來營運，不考慮差價的叫「策略性投資」，其實正類似我定義的「投機」和「投資」。因此，或許把「投資理財」改成「金融理財」比較符合它原來的本質。

請把買賣股票及所有理財行為當「投機」吧！
該買就買，該賣就賣。

## 03 理財專家和理財專員

理財「專家」和理財「專員」乍看之下，應該有層次上的差別，但骨子裡，其實是一樣的。

專家是個體戶，例如投顧老師、股市名嘴、資深媒體人。他們賺的是會費、通告費、車馬費、版稅。專員是上班族，他們賺的是薪水和獎金。

專家口才極佳，面對群眾，面對媒體，講得頭頭是道。專員口才應該也不錯，但他們都是一對一的解說。專員面對不同客戶，其實講的可能都是同一套，只是他還沒有號召力，可以把很多人聚集在一起，講一遍就好。

專家有知名度，加上常常看到他的臉，說服力相對就高。專員叫什麼名字，或許你還記不住，只記得他就是要你掏錢來投資。

專家上媒體，就算講錯，因為時間太短，根本來不及反應，也沒機會要求他更正。專員跟你面對面，只要你夠專業，或許可以糾正他，但他面前有一大堆的資料和數字，你根本無從消化，可能就這樣簽約成交了。

做了簡單的比較之後，我只是要提醒你，「專家」和「專員」本質都一樣，就是都在向你賣東西。差別只在於專家

不急著賣你東西，只要你一直記得他，但專員會直接拿金融商品向你推薦，A 不要，那就 B 好了。所以，你對專家比較相信，比較沒有防備心。

因此，你要拋開崇拜之心，把「專家」當「專員」來看。

「專家」是媒體開放、百家爭鳴下，應運而生的人物。電視、廣播、報紙、雜誌，每天都要生產那麼多的內容，記者不是孫悟空，沒有七十二變，他們哪有能力通通自己寫，只好到處找人訪問，把對方的回答當作報導的素材。這時候，總要給對方一個響亮的尊稱，「理財專家」四個字最冠冕堂皇了。

為了配合媒體偏「多」的特性，理財專家 90% 都是報喜不報憂。「在這裡盤整一下，大盤就會往上了。」你有聽過，他們說「會往下」嗎？如果第一季行情低迷，他們就會說：「要到第四季才會好轉。」反正還好久呢！就算到時候沒有好轉，已經沒人記得了。

即使他說了比較偏「空」的言論，編輯可能就直接剪掉，或刪去。因此，呈現出來的內容不一定是他的原意，有時候甚至還被扭曲，根本與原意不符。這些專家的說法既然要配合媒體的立場，我們做為閱聽人，就更要謹慎以對。

不過，他們不會太在意原意是否完整呈現，因為只要媒

體滿意，就有接不完的節目通告；知名度不斷累積，投資人參加會員的機會就更大。

理財專家的講座呢？這當然不會有遭人斷章取義的風險，但這是他們全力推銷自己的大好機會，根本就不可能提太多投資人不願意聽的逆耳忠言。

理財專家和政府官員，比較像投資人的「心靈導師」，要給大家光明的一面。前者要賺你的錢，後者要你繼續投資台灣。相對來說，經濟學家的發言，比較沒有利益的考量，結果就成了討厭的烏鴉。此外，因為距離投資人直接相關的「理財」議題太遠了，所以他們要在媒體發聲的機會也越來越少。這種不平衡的現狀，對投資人絕非好事。

我出了第一本書之後，最怕別人也叫我「理財專家」，因為我除了懂自己寫的內容之外，我跟各位投資人完全一樣，也會犯錯，同樣也有很多不懂的地方。這本書其實是經驗分享，絕對不是投資寶典。

 理財專家其實是一個「職業」，並不是一個「職稱」。

# 04 一分耕耘，一分收穫？

很多人應該都聽過這句話："Work smart, not work hard."（聰明工作，勝過勤奮工作。）有些人做事，只知道悶著頭往前衝，累得半死，最後終於排除萬難，完成「工作」。但是，有些人做事氣定神閒，腦海裡非常清楚自己想要什麼，不浪費時間在瑣碎事情上，輕鬆寫意地完成「目標」。

這句話可以用在「上班工作」上，何嘗不能用在「投資理財」上？大部分人都知道「人不理財，財不理你」，所以花很多時間研究理財技巧，充實理財知識，但是「理財」這件事，完全無法印證「一分耕耘，一分收穫」這句話。

很多投資人早上起床就打開電視看非凡 Morning Call 或 57 晨間新聞，掌握國內外財經大事。開車上班在路上，還要聽廣播，提醒今天的看盤重點。進了辦公室，得先看《經濟》《工商》兩大財經報紙，才能開始上班。股市開盤後，若是沒上班的朋友又要緊盯兩家財經電視台，聽一大堆老師輪番上陣的盤中解盤。收完盤，要看晚報，又要看晚間財經新聞，還要做功課，看很多財經書籍或期刊，

甚至還要研究上市公司的財務報表。到了晚上 10 點，又要看兩家財經電視台各四、五位專家的分析。有些人還要看很多投顧老師的節目，聽他們看圖說故事完，才敢去睡覺。

夠努力了吧？但因為這麼認真，而能賺到錢的人，其實並不多，甚至大部分的人都還賠錢呢！為什麼？

因為賺錢與否，貴在「判斷」與「紀律」，這和「努力」完全無關。但是，大部分人因為不會判斷，所以就到處聽明牌，手中持股種類之多，用 7-Eleven 都不夠形容，結果累得半死，也不一定能夠賺到錢。

此外，大部分人的「目標」是「賺越多越好」，所以沒有風險意識。股價漲，希望賺更多，股價跌，求神明保佑會反彈，結果不知停利，更糟的是不知停損。到頭來，運氣好只是一場空歡喜，運氣差就只能住套房。

如果你能將「目標」設定在年報酬率 5%，不要好高騖遠，想要賺一倍以上，你就會有風險意識，然後，找一個簡單的「方法」來達成它。

股市還有一句名言：「人多的地方不要去。」大跌的時候，投資人普遍都看得更悲觀，想說應該還沒跌夠。大漲，投資人普遍又看得太樂觀，覺得股價永遠不回頭，自己絕

不會是最後一隻老鼠。結果呢？低點沒買到，高點全套牢。巴菲特也說過：「別人恐懼，我貪婪；別人貪婪，我恐懼。」是同樣的道理。

依據技術指標高低檔進出，不用任何判斷，只要買績優股，買ETF就可以了。大跌，不恐懼，敢買；大漲，不貪婪，敢賣。賺5%絕對不難，這樣不就可以輕鬆賺錢嗎？

哪一個有錢人，看起來是整天忙忙碌碌的？他們和一般人的差別，就在於想法不一樣。

做任何事情，我認為都要努力（work hard），但是唯獨理財這件事，不一定要努力，但一定要聰明（work smart）。

 投資理財如果方法不對，再努力都沒用。

# 05 工作是正餐，理財是附餐

你如果到平價西式料理餐廳點餐，一般都會先點一客正餐，然後看看是否要加點附餐。加 A 餐 50 元，有濃湯和沙拉，加 B 餐 100 元，除了前面兩樣之外，還有甜點和飲品。如果你不點正餐，是不能加點附餐的，你若只想喝濃湯，就變成單點，可能更貴。

我認為，有一份「工作」，才有穩定的收入，就是「正餐」，可以讓我們吃飽。「理財」只是讓我們有額外的滿足感，充其量只能把它視為「附餐」。除非你是富二代，不必工作就有很多錢，可以拿來投資，否則如果你沒有工作，如何取得投資的本金？也就是俗稱的「第一桶金」。

但是，有些人存了一點點錢，就開始希望用投資快速累積財富。古人說得好：「馬無野草不肥，人無橫財不富。」再加上看了很多理財英雄的報導或他們寫的書，就覺得工作賺錢太慢了，如果前幾次投資剛好又很順利，那就很可能把理財當正餐了。

前一陣子，我有機會接受一些單位的邀請去擔任演講人，看到台下六、七成都是年輕人，其實很擔心他們把理財當正餐了。希望他們不是所有的閒暇時間都用在進修理

財知識，我甚至當場還建議他們應該多花時間進修工作所需的技能，不論是專業知識，還是語言能力都好；再不然，應該聽王品董事長戴勝益的話，利用休閒時間好好培養人脈，都有助於你工作的表現。

工作表現得好，就容易得到升遷加薪的機會，也容易被競爭者挖角，加薪幅度會更大。千萬不要以為投資比較好賺，甚至上班時間還偷偷買賣股票。老闆都不是笨蛋，小心你的同事都是抓耙仔，再加上工作心不在焉，我就不相信下次升遷會輪到你。

你會反駁我，我懂了理財知識和技巧，還要朝九晚五幹什麼？還要一直看老闆臉色嗎？我又沒有半澤直樹的膽識，只能任人宰割，辭掉不幹或許賺得還更多。對！你也知道是「或許」。

前篇短文曾提到，「一分耕耘，一分收穫」絕對不是投資理財的真理。沒有人能保證投資一定會賺得比較多，甚至還可能賠掉你的本金。但是，工作就可以印證「一分耕耘，一分收穫」這句話了。你工作努力，正常狀況下，薪水福利都會越來越好，你不會賠錢，頂多賠掉與家人相處的時間，只要多注意身體保健就是了。

你又會反駁，辭掉工作專心投資，就可以增加與家人相

處的時間。我舉親身實例告訴你，我四十幾歲就離開職場，只能在家投資股票維生。我最怕兩件事，一是擔心小孩有樣學樣，「爸爸靠股票就能養活一家人，我長大幹嘛要出去工作？」二是小孩長大總會交男女朋友，對方父母可能會問起我的職業，要如何回答，才不會壞了小孩在對方父母眼中的形象？

還好，現在有了「暢銷作家」的頭銜可用。

如果你像我一樣，工作快二十年，因為勤奮努力，累積了八位數的財力，也不想再上班了，希望用理財度餘生，我比較不會持反對的立場。其實，雖然我的股票投資成績還差強人意，但我還是很後悔，當初應該繼續留在職場才對。如果，你才工作了區區幾年，只有幾十萬，最多一兩百萬的積蓄，我要嚴重警告你，斷了做個「專業投資人」的想法。

這麼一點錢，要賺到生活費，一定要鋌而走險，因為買績優股太慢了。你只好努力研究各種資訊，希望從中找到潛力股，但這太難了。你開始追逐投機股，但這賺太少了。你開始擴張信用，融資買進，但又嫌這太慢了。最後，你只好去玩高槓桿的期貨選擇權。如此一來，你已經走在高空鋼索上了，一個不留神，就什麼都沒了。還有最重要的

是，你不會讓錢閒置太久，這樣就會影響你的判斷力，總是心存僥倖。夜路走多，總會遇到鬼。

如果你是職業婦女，辭職回家是為了專心照顧小孩，我沒意見，但如果是為了理財，我會用上述同樣的理由阻止你。妳賠掉了老公辛苦上班賺來的錢，婚姻生活保證有陰影。

認真工作，輕鬆理財，才能吃飽又吃好。

# 06 打敗通貨膨脹率，就及格了

每年 1 月 1 日，你有為今年股票投資的報酬率訂下年度目標嗎？我想，大部分的投資人都沒有這麼做，只希望自己賺得「越多越好」。一來，是不知道自己將會投入多少資金；二來，是不知道該訂多少比較好，太高，達不到，太低，太瞧不起自己。

前者很簡單。把你手上的持股用去年底的市價來計算，就可以算出所持股的市值，加上你存摺裡還剩下的錢，就是你今年可以投入的最大投資金額。不過，我建議你把陳年套牢的股票和零股先剔除，這樣報酬率比較不會被它們拖累。另外，除了決定拿多少錢出來投資，也要保留部分現金，以應付突發的緊急事故。簡單起見，我先假設可以投入的資金是 100 萬。

後者就難了。我認為不該訂太高，因為訂得低，容易達成，就不會冒太多風險，可以耐心等待低點再進場。只要買點抓得好，就算賣早了，都還有錢賺。如果訂太高，常常都想進場，以為只要賣的時機對，還是有錢賺，但抓賣點其實是非常不容易的。

到底訂多少呢？只要打敗一年期定存利率，就可以了

嗎？這樣是不夠的。因為定存利率大約只有 1.5%，連政府公布的 CPI（消費者物價指數）的漲幅 2% 都不到，所以現在根本就是一個「負利率」的時代了。你賺到的利息，已經買不到原來可以買到的東西了。

別相信政府安慰人心的數字，你周遭食衣住行育樂的花費，每年最起碼都會漲 5%！為了至少讓今年還可以和去年擁有一樣的消費能力，你應該把報酬率的目標設定在打敗通貨膨脹率，就算 5% 吧！我認為這樣就有 60 分的水準，可謂「及格」了。

我在演講的時候，很喜歡拿「及格」和「滿分」作比較。大部分人求學階段，碰到考試，都只求及格就好，很少有人會追求滿分，認為有些科目的內容艱深到你都聽不懂了，考出來怎麼可能會滿分？但是大部分人在理財上，卻不以及格來自許，認為它就是加減乘除而已，這麼簡單，只要多看書，多聽演講，怎麼可能考不到滿分呢？

但是，學校考試有標準答案，投資理財的現實世界變數卻太多，一旦做錯，損失可是一張張的千元大鈔啊！我認為，在求學階段應該要以追求「滿分」為目標，將來才有足夠的專業知識應付工作的需求；理財反倒應該以追求「及格」做目標，因為容易達成，就比較不會躁進。

　　如果你用這 100 萬元，第一季就賺了 5 萬元，不論是來自你去年底就已經持有股票的獲利，還是加上你在第一季新增股票的獲利，都要恭喜你，今年的目標已經達成了。接下來三個季度，你就不會太過著急，可以忍到大盤跌到人心絕望的時候再進場，那很可能又可以再賺兩、三個5 萬。如果你每一季都賺 5 萬，一年就是 20 萬，也就是20%，這種績效其實就是「滿分」了。

　　如果你上半年賺 5 萬，下半年也賺 5 萬，我認為可以打80 分了。只要你在 12 月以前賺到 5 萬，還是算及格了啊！

　　不過，請特別注意，什麼時候進場買股票呢？我的建議是「指數」的技術指標落在低檔區，再擇優買進。因為 5%的目標不高，你不必非要找到「逆勢股」或「潛力股」不可。千萬不要看「個股」的技術指標落在低檔區，就心動手癢，因為它們很容易出現鈍化的現象。

理財求及格，可能會滿分；
理財求滿分，可能連及格都沒了。

# 07 釣魚和抓猴

在網路上看到一篇好文章，或是一則好笑話，我都覺得比看到理財資訊還開心，因爲它可能深具啓發性，又能做爲與朋友聊天的素材。以下摘錄兩則笑話，對投資人應該都有警世的作用。

・釣魚

一個有錢人來到島上渡假，碰到一個當地的漁夫，相談甚歡。但是，他覺得漁夫沒有遠大的志向，只求有讓家人溫飽的魚獲就好，日子過得太消極。

他對漁夫說：「你爲什麼不買一艘好的漁船，這樣就可以抓到更多的魚。然後，把賺來的錢繼續買第二艘、第三艘漁船，雇用更多人幫你捕魚，最後你就會擁有自己的船隊。」

漁夫說：「我要船隊幹嘛？」

有錢人說：「接下來，你就開一間漁產加工廠，把商品賣到全世界。」

漁夫說：「然後呢？」

有錢人說：「20年後，賺了大錢，就可以跟我一樣，到這裡來度假。」

漁夫說：「我幹嘛要等 20 年，我不是早就在這裡悠哉度日了嗎？」

有錢人為之語塞。

很多投資人都希望變成有錢人，努力鑽研，廢寢忘食，希望賺夠了錢，再好好享受人生。但是，真正的享受是「心境」，不純然是「物質」。各位讀者，我相信你們都還稱不上是有錢人，別奢望賺大錢，有賺就好，學那漁夫，及時享受，知足樂活，這才是真正的人生。

· 抓猴

又來了一個有錢人。他某日也來到這個小島，見島上山裡有很多猴子，就想用一隻 100 元的價格向村民收購山上的猴子。村民見有利可圖，個個努力上山抓猴，有錢人也信守承諾，銀貨兩訖。

山上猴子越來越少，也越來越難抓，有錢人就宣布，此後抓到的猴子，每隻收購價提高到 200 元。村民卯足了勁，幾乎把剩下的猴子都抓光了。

有錢人又把價格提高到 300 元，根本就是破天荒的價格了。但猴子再怎麼找，都找不到了。

有錢人不死心，開價到 1000 元。但他臨時有事要離開，說等他回來就會付。他把助理留了下來，監督村民抓猴。

有錢人離開後，助理告訴村民，他願意把猴子以每隻600元賣還給大家，等有錢人回來，大家再用1000元賣給他的老闆，又可以再賺400元。

村民認為這真是划算的買賣，就把猴子都買回來了。

但是，有錢人再也沒有回來，助理也不知去向了。

村民像不像散戶？每一個人都認為自己不會是最後一棒，也認為自己還有得賺。有錢人像不像大戶？養、套、殺，吃乾抹盡。助理像不像證券商？大戶會給他手續費，他樂得幫大戶服務。

別怪有錢人和助理，大家一開始都有賺，只是被貪婪沖昏了頭。他們有逼你買回去嗎？沒有喔，是你自己心甘情願，對吧？

我希望大家都是漁夫，就算上山抓猴，也要記得高檔賣掉後，千萬不要買回來。不然的話，奉勸大家還是乖乖釣魚，不要有任何投機的想法。

見好就收，平安喜樂。貪得無厭，必食惡果。

# 08 把投資賺來的錢拿去花掉

把投資賺來的錢「花掉」，才能真正「保住」它。這話好像有點矛盾，且聽我慢慢道來，你就會恍然大悟。

民國 78 年，股市狂飆，房市也不遑多讓。當時，我在證券公司上班，許多同仁不只把賺來的錢通通再投入，還擴大信用，炒股又炒房。當時，還有鴻源集團高利吸金，泡沫越吹越大，破滅已是早晚的事，終於在 79 年 1 月，股災正式降臨，許多投資人成了最後一隻老鼠。這些同事最後只有斷頭一途，人生瞬間從天堂掉到地獄。

我當時之所以能夠躲過一劫，就是我把在股市賺的錢都拿去買了人生的第一棟房子。因為是預售屋，大概每半個月就要按合約所載的工程進度付款，所以我必須不斷把股票變現，才能在股災尚未來臨前，安全脫身。當時其實是房價最高，利率也最高的時候，但總算沒有讓賺來的錢化為烏有。這間房子不但沒有消失，如今保守估計，至少也增值了一倍。

我並不是先知先覺者，當時和所有人一樣，根本不知禍之將至，也幻想股票會一路長紅下去。但是，這次全身而

退的教訓給了我很大的啓示。

　　大部分投資人都只想賺價差，若非套牢，不會想做該公司的長期股東。大家的盤算就是不管買多貴，只要有漲就能賺到錢，所以一輩子恐怕都沒有空手過。因爲這種想法，就很自然會把賺來的錢再投入，心想只要明天漲，就又有得賺。

　　但是，萬一明天跌呢？又安慰自己抱牢等後天或許就解套了。後天又跌，下一週還跌，下個月繼續跌，那只好當鴕鳥了，心想不賣就不會賠。結果，好不容易賺來的錢，就這樣慢慢都成了一張張的壁紙。

　　我和各位都會犯這種散戶的錯誤。如何避免這種宿命？只有一個方法，就是「把投資賺來的錢拿去花掉」。你只要花掉，就少幾張壁紙。

　　我不是叫你隨便亂花，而是用到可以「保值」的地方。最容易保值的投資就是「房地產」，而且可以花得「快速」又「大量」。你若還有房貸在身，有賺就還，盡可能提早還清。別寄望晚點還，可以賺更多。只有降低負債，才最牢靠。

　　大台北地區的房子向來只漲不跌，頂多盤整；其他都會區就算有跌，也不會比股票跌得兇。你能想像，股市跌，

房地產卻漲的情形會發生嗎？兩個一定同步，但房地產的保值性，必然遠遠大於股票。

你會說，我投資沒賺那麼多，買不起房子，怎麼辦？「投資自己」、「投資下一代」、「完成夢想」，也同樣是另一種「保值」的方式啊！投資自己可以讓工作表現更優異，提高升遷加薪的機會；投資下一代可以讓小孩強化課業和技能，將來不會成為「啃老族」；完成夢想可以讓你提升自我，不枉一生。因此，這些花費都是有意義的。

再不然，偶而吃個美食，出國度個假，放鬆一下，犒賞自己，都具備提升生活品質的「價值」。我常常提醒自己：「情願花掉，不要賠掉。」

大家之所以前仆後繼，不斷把錢再投入，就是希望錢滾錢，創造出驚人的「複利效果」。但是，俗話說：「水能載舟，也能覆舟。」此時，「複利」就是「水」。

因為你只看到「獲利」的一面，沒有看到「風險」的一面。

下一篇，我就來和各位探討「複利效果」，別走開。

把投資賺來的錢花掉，才算真正賺進口袋了。

# 09 複利效果只是數學模型

有人說，複利的威力比原子彈還大。每年存 1 萬元，複利率 10%，隔年再把獲利投入，20 年後就超過 57 萬元。你只存了 20 萬元，但居然多出了 37 萬元。哇，每年存 100 萬，20 年後就超過 5727 萬元。從此，就過著幸福美滿的生活了。

真是如此嗎？當然不是。我要提醒你，這真的只是數學模型。現實有太多變數，別癡心妄想，你才會腳踏實地。

前面的計算，充斥著各種假設。首先，我們的複利率假設是 10%。因為國內的定存利率大概只有 1.5%，遠遠低於通貨膨脹率，所以我們不可能用這個比率來做假設。10% 應該視為投資報酬率，而且也不算太高，但誰能像銀行利率一樣，保證每年都有 10%？

當然，我們可以說這是 20 年的平均數，但是稍懂數學的人都知道，只要有好幾年是虧損的，甚至吃掉你部分的本金，你可能就要有連續幾年每年超過 25% 的報酬率，才能彌補得回來。我不想在這裡做數學的演算，這是很容易理解的事。你認為 25% 容易嗎？

第二個假設是那一筆錢完全不能動，所賺的錢又要全部

投入，而且每天都要投資。一旦提出來，整個效果就會大打折扣。但事實上你的錢不是放在銀行生利息，而是要進行風險性投資，因此你一定會等待一個相對低檔再進場。此時，這些資金就常常會有閒置的情形，所有計算都要重來。

再舉第一段的例子，你每年預計投入 100 萬，但因爲要等待好時機，所以很多時候暫時放在活期存款。活存的利息太低了，我們可以直接把它忽略掉。結果，整年平均下來，實際每天投入金額只有 50 萬元。爲了符合 100 萬元 10% 的報酬率，你必須找到有 20% 報酬率的金融商品，才能達成每年賺 10 萬元的目標，困難度立刻增加一倍。

每年投入 100 萬，已經是高所得的人才能做的事了。我們再舉一個更親民的例子。如果一家三口，夫婦都在上班，月收入合計有 10 萬元，但這個階段一定有房貸，每月能留 2 萬元投資就算不錯了，一年就是 24 萬元。這已經不是等待時機才進場的故事了，因爲這一點點錢，隨時都可能因爲急需，或只是比較鉅額的消費，而把投資計畫給毀了。

碰到好的進場時機，卻正巧沒錢，只好眼巴巴讓機會流失。有錢的時候，時機卻不好，爲了達成 10% 的目標，

只好胡亂投資，希望老天眷顧，可以賺一點錢，但這通常不會有好下場。

再者，能否把今年賺來的錢通通拿來再投資，也是一大疑問。小孩受教育，就要花很多錢了，父母年紀漸大，醫療支出也不能免。請問，如此一來怎麼可能會有顯著的複利效果？

第三個假設，其實是所有假設裡最基本的一項，就是投資報酬率究竟要設多少？很多教科書會說，看你的投資性格屬於哪一種而定。積極型？一般型？還是保守型？

「積極型」可以假設 20%，「一般型」就設 10%，「保守型」就設 5%，然後依照假設尋找合適的投資工具。要記住，高報酬一定伴隨高風險，低風險就不會有高報酬，因此這個假設其實最不實際。

該進場才進場，不要把複利效果放在心上，就不會給自己太大的壓力。除非你的錢夠多，投資完全不會排擠到你的生活，才有可能享受複利的效果。

投資是真槍實彈，不是紙上談兵，把數學拋在腦後吧！

# 10 投資何苦太焦慮

我很少看到股民接受電視訪問時，是笑嘻嘻的，大部分都是憂心忡忡的苦瓜臉。投資理財，為什麼會這麼焦慮呢？我想，大概是因為他們對於自己選擇的標的，或是選擇進場的時間完全沒有信心。

明天會漲嗎？現在要不要賣？還會一直漲嗎？要不要過幾天再賣？

如果會跌，怎麼辦？要攤平嗎？要停損嗎？還是抱牢等解套？

開始本文之前，我先講個順口溜：在錯的時候碰到對的人，是「小三」；在對的時候碰到錯的人，是「三小」（請用台語發音，以下同）；在錯的時候碰到錯的人，是「雖小」；在對的時候碰到對的人，是「豪小」。在感情的路上，大家都希望是最後一種狀況，即使不容易，也是一種嚮往。但是，在投資理財上，在對的時候（時機）買到對的股票（標的），其實並不困難。

只要「標的」是對的，「時機」相對不是那麼重要。投資大師柯斯托蘭尼曾說過一個比喻：「一個人牽著狗去公園，縱然狗跑來跑去，忽前忽後，但最終還是會跟主人走

進公園。」你買進的時機或許不對，讓你一度套牢，但只要公司持續成長獲利，股價總是會反映基本面而上漲。

什麼是買來都不會讓你焦慮的好標的呢？弔詭的是，它們就是理財專家和投顧老師都不會介紹的產業龍頭股。你有聽過理財專家和投顧老師向你推薦台積電（2330）、台塑（1301）、國泰金（2882），甚至「台灣50」（0050）嗎？推薦這些股票，顯不出他們的獨到眼光和專業能力。

你花錢去參加會員，或去參加講座，聽到這種明牌，一定會要求退費。這種龍頭股還用你講？我自己也知道啊！你非要聽到那些沒聽過的公司，才認為值得。但是買了之後，就一直擔心是不是在幫老師抬轎？自己會不會是最後一隻老鼠？真的有漲，趕快賣掉，結果繼續漲，要不要追回來呢？搞到最後，緊張兮兮，成天焦慮。

沒有人會告訴你，買產業龍頭股賺錢的事，因為沒什麼稀奇。同樣的，你有聽過賠大錢的事嗎？其實幾乎沒有。那麼，為什麼不去買產業龍頭股呢？至少可以每天睡好覺，開開心心過日子。

理財專家和投顧老師最喜歡讓你在「不對」的時機買股票，因為這樣，你就會佩服他們幫你找到「逆勢股」。但是，若能抗跌已經算運氣好了，大部分還是跟著大盤沉

淪。爲什麼要在不對的時機買股票？空手一陣子，難道不行嗎？

因爲這些人的強項，不是「基本分析」，而是「技術分析」。好像抓到轉折，管你阿貓阿狗都會反彈。聽多了他們的說法，害很多投資人也過度迷信技術分析。

這裡又要提到我的演講經驗。只要我一講到技術指標，聽眾反應最激烈，大家最喜歡探討：「爲什麼這時候賣，不是那時候賣？」這是大部分人都心存僥倖的結果，不管買多貴，只要後面繼續漲，就還是能賺錢。存在這種心理，投資怎麼可能不焦慮？

另外，對報酬率的期望過高，也是造成焦慮的原因。大部分投資人究竟期望的報酬率有多高？大概很少人說得出來，只知道「賺越多越好」。如果你能像前文所提到「打敗通貨膨脹率5%，就及格了。」你還會焦慮嗎？

生活的品質，比理財的績效重要多了。賺到錢卻焦慮，還可以接受；萬一賠錢，那眞是兩頭空，划不來。

標的對了，時機對了，有賺就好，
別期望太高，何來焦慮？

# 11 危機入市，知易行難

　　每一個投資人都應該聽過這兩句話：「危機入市」和「危機就是轉機」，但是嘴巴說說容易，多少人眞的能做到呢？

　　什麼才算是「危機」呢？大盤跌個幾百點，電視上被訪問的股民就會嚷嚷，要國安基金進場護盤了。如果連這樣都算「危機」，那常常都可以「入市」了，結果就成了「連環套」。

　　我認爲當某一事件發生後，會造成人們極度的恐慌，對事件未來發展更是充滿惶恐，甚至喪失生存的意願，才能稱爲「值得入市」的危機。近十幾年來，有好幾次重大危機，例如 911 恐怖攻擊，世界大戰好像一觸即發；SARS 致命病毒席捲全台，國人性命好像朝不保夕；319 槍擊案，台灣政局恐將永無寧日。當然，最嚴重的就是 2008 年的金融海嘯，造成全球經濟大衰退，那種對未來生活的大恐慌，可能是二戰後人類從未有過的經驗。

　　這 4 次大危機，你有進場嗎？沒進場，不必抱怨，因爲太多人在此時含淚出清，那才是大悲劇。

　　你有沒有發現，只有金融海嘯是「經濟因素」，其他三個都是「非經濟因素」，它的殺傷力和影響的範圍，事後

來看，其實都被當時的氛圍給誇大了。如果你敢在 SARS 期間，勇敢買進很多「跳樓大拍賣」的房地產，你現在根本不須煩惱下半輩子了。911 和 319 事後證明，也都是千載難逢的買點。因此，只要是「非經濟因素」的危機一旦發生，就該勇敢入市了。

即便是 2008 年的金融海嘯，雖然又擴散成歐債危機，而且迄今依舊餘波盪漾，但股票在 3 個月後，其實也已回穩，歐美許多先進國家的股市甚至屢創新高。

你下定決心，下次一定要危機入市，但要買什麼呢？很簡單，什麼都可以買。績優股一定率先觸底反彈，投機股照樣雞犬升天。但是，過了約莫一個禮拜，個別股票的走勢就會分道揚鑣，所以還是趕快從投機股轉回績優股吧！

不知如何選股，就買基金吧！被動式基金的 ETF 是首選，一般股票基金也無妨。每一次基金乏人問津時，多半都是危機正夯時。此時不買，更待何時？

什麼時候買呢？也很簡單。看到大盤 K 值跌到 10 以下，就進場吧！也不用等 K 值從低檔向上穿越 D 值的「黃金交叉」了。如果有幸看到 K 值趨近於零，恕我說句粗俗的話，閉著眼睛買吧！

你可能會覺得我的建議太敷衍、太不專業，但你此時還

花時間去研究個股，恐怕早就錯過低點了。

以上都在探討政經事件所造成的危機，是可以「入市」的，但是個別公司發生危機，也一樣可以比照辦理嗎？關於這一點，我倒是持比較保留的態度。

公司一旦出現危機，必然是經營策略和未來發展方針出了大問題，讓競爭者瞬間瓜分了該公司的市場占有率，要再挽回，難如登天。這種情形如果發生在電子股身上，更為明顯。因為電子產品日新月異，生命週期都極為短暫，一個重大閃失，就是「一失足成千古恨」。

因此，我不能完全認同個股的「危機就是轉機」，即使它的股價腰斬，都不一定是好買點。君不見多少電子股從千元滑落到兩位數，甚至面額上下。

有良心的理財專家會提醒你：「急速墜落的刀子不要接。」不關心你死活的理財專家則會說：「跌深就是最大的利多。」它當然會反彈，但何必冒風險賺這種辛苦錢？

政經環境發生大危機，隨便買；
個別公司發生大危機，不要隨便買。

# 12 賈伯斯和比爾・蓋茲

如果要票選這兩人，誰對世界的影響比較大？誰是最傑出的經營者？我想，絕大部分的人都會把票投給賈伯斯。

賈伯斯的 Apple 已是創新產業的代名詞，每一次產品推出都讓人引頸企盼，股價當然也反映了公司的價值，一度超過 700 美元，高居全球股市市值第一名。

相較之下比爾・蓋茲的 Microsoft，近幾年來毫不起眼，CEO 即將退休這種事，居然能讓股價稍有起色。

但是，別忘了，比爾・蓋茲是全球首富，賈伯斯可差得遠了。而且，兩人當年幾乎同時崛起，一個走軟體，一個走硬體，各領風騷，但第一回合較量，比爾・蓋茲獲勝，反觀賈伯斯甚至還被逐出 Apple。

賈伯斯去世之後，Apple 的創新能力一直被懷疑能否持續下去，期望越高，失望越大，股價一度從高峰遭腰斬。但是，如果比爾・蓋茲退休，Microsoft 可能不會這麼戲劇性，因為大家期望不高，失望就不會大。

賈伯斯是一個天生的革命家，比爾・蓋茲則是一個徹頭徹尾的生意人。賈伯斯追求的是一個新時代的開創，比爾・蓋茲追求的卻是一個大帝國的建立。賈伯斯有創造力，比

爾·蓋茲卻有執行力。賈伯斯在前面開路，比爾·蓋茲卻一路在後面收割。

　　兩人個性的差異，也展現出完全不同的管理風格與企業文化。賈伯斯奉行的是尼采的「超人哲學」，而比爾·蓋茲重視團隊合作。

　　Microsoft 靠 Windows 屹立軟體界數十年之久，即便中間有些新的產品並不成功，如 Vista，但完全不會動搖它幾近壟斷的領導地位。Apple 不斷推出創新產品，幾乎每次都很成功，但如果不再有革命性的突破，很可能就會被諸多競爭品牌在不同的地區所超越。

　　蓋茲曾說過：「沒有程式語言，電腦就只是一台會發光的黑盒子。」一語道盡科技產業的現實，這就是為什麼軟體公司、IC 設計公司能比硬體製造商、電腦代工擁有更高的毛利率與本益比。賈伯斯與 Apple 代表的硬體，以及蓋茲與 Microsoft 所代表的軟體，在彼此功能上必須合作，但在事業版圖上，卻又是居於彼此競爭的情形。賈伯斯只有在早期領先過蓋茲，然後就一路落敗，直到 iPod、iPhone 推出後，才終於能靠「創新」反敗為勝。

　　我不是在這裡要建議你買 Apple 還是 Microsoft 的股票，而是要帶你從他們兩人，或兩家公司身上，得到股票投資

的啓發。

Apple 就是那種不斷有各種題材的股票，有就大漲，沒有就大跌；Microsoft 就像那種沒有什麼題材，但執業界牛耳的股票，不太有波動，一點都不刺激。不同投資性格的人，就會在兩者之間，做出不同的選擇。

喜歡 Apple 型股票的人，就要承受上沖下洗的風險，要不斷掌握公司的各項消息，否則很容易受傷害；喜歡 Microsoft 型股票的人，就可以安穩持有，不需擔驚受怕，甚至「幾乎忘了它的存在」。

你問我，喜歡哪一種股票？我會說後者。散戶朋友漲一點就賣，跌多了就抱牢，如果買了前者，必是賠多賺少。如果你沒有一般散戶的壞習慣，才可以買前者，否則還是乖乖擁抱後者，雖然賺不多，但至少保百年身。

別羨慕別人賺得多，要慶幸自己也有賺。要記住，比爾・蓋茲才是世界首富，賈伯斯已經不可能超越他了。

個性決定你的投資傾向，不要羨慕別人，適合自己最重要。

# 13 如果投資也有 GPS

現在很多人的車上，都有裝 GPS（衛星導航系統），這甚至已經是很多新車的基本配備。有了 GPS，不論你想到哪裡，都可以不再擔心怎麼去了。特別是要去住那種位於鳥不下蛋、狗不拉屎的偏遠民宿，真是再方便不過了。

GPS 最讓人窩心的地方，就是萬一你走錯路了，它會重新設定，再引導你回到應該走的路徑。有時候，它的指示和你看到的實況，會有些落差，比如「靠左行駛」和「請向左轉」，常在電光石火間，一時會錯意就走錯了，或者是直行卻誤闖左轉專用道，只好依規定左轉而偏離正確路徑，但你都不必擔心，終究還是會到達目的地。

如果投資過程裡，也有 GPS 這種自動修正功能的工具，那不知該有多好。但是，至少到今天為止，還沒有人發明出來。因此，投資只能靠自己。

很多投資人會聽投顧老師或理財專家的推薦，而去買進一支股票。但是，買了之後，他們就不可能還隨時幫你注意，什麼時候要再加碼？什麼時候要出場？甚至什麼時候要停損？你只好成天提心吊膽，焦慮難安。

　　這就好比古早時代，只有地址（推薦的股票），其他只能靠自己想辦法了。有些鄉下地方有地址也沒用，只好到處問路人，好像隨便找個老師作持股診斷一樣。

　　更糟糕的是，近來有些新聞報導 GPS 帶錯了路，害駕駛身陷險境。這就好比一開始，就聽了不肖老師或專家的話，買進了他們想要出脫的股票，那還不如當初就不要聽他們的推薦（或裝這台掉漆的 GPS）了。

　　GPS 還有一個功能，就是可以預估你到目的地所要花的時間。如果距你約定的時間還有 1 小時，而 GPS 預估的車程只有 40 分鐘，時間相當充裕，你也比較不擔心走錯路會導致時間的耽誤。但是，如果你快遲到了，你就會很緊張，絕對不能走錯路。

　　這裡的「時間」就是指你的「資金」。資金越充裕的人，就越不怕買不到低價，也就是有「一路逢低買進」的實力。如果你資金有限又希望能買在低點，當然下手買進時，就會比較忐忑。

　　但是，開車一定要依賴 GPS 嗎？那也未必。有一次，我從台中走中山高速公路回台北，開到快接北二高匝道的 100 公里左右，GPS 就叫我要開出去。我心想走中山高也一樣，何必一定要走北二高？就不理它，繼續往前開。它

不只很嚴厲地叫我「立刻離開高速公路」，而且重新設定後，只要碰到交流道，就叫我要下去。我還是不理它，一直走到建國北路高架橋，才下去接台北市的平面道路。

　　我舉這個例子是要告訴各位，如果是一條你很熟悉的路，比如從家裡到公司，或是回父母家探望老人家，你還要打開 GPS 嗎？

　　這就好像你只買你了解的公司股票，就不用聽投顧老師或理財專家的推薦，也不用擔心缺少任何的後續建議，當然更不會被不肖業者騙了。

　　這裡的「了解」指的不是你讀透了它的財務報表，而是你可能正好是它的上下游客戶，非常了解它的接單情形，或是你了解它有難以撼動的產業地位，或長久以來良好的經營績效。前者就是你的獨門資訊，或者可以稱之為「內線」；後者說穿了，就是產業龍頭股。這時候，有沒有GPS，都不重要了。

 投資沒有 GPS，一切要靠你自己。

# 14 內線交易和掏空案

周杰倫有首歌，叫做〈牛仔很忙〉，而股市收完盤後，有些人也很忙。為了怕影響股市行情，檢調單位都會在收完盤後，調動大批人力，前往上市公司搜索，為的是要尋找「內線交易」的不法證據。

很多上市公司的董事長、總經理、財務長都有內線交易的官司纏身，但大部分都不了了之，因為他們買股票的時間和取得公司重要資訊的時間，不容易證明是有絕對相關的，更何況誰那麼笨，會用自己的名字去買股票？既然不易成罪，又為什麼要浪費龐大的司法資源呢？

這些人當然有內線交易之實，但他們還是要把股票賣掉之後才能獲利。他們有用任何強迫威脅或詐欺的手段，讓非特定的投資人去承接他們賣出來的股票嗎？沒有嘛！你只能說，這些董事、監察人、大股東，還有經營團隊，擁有一般人無法取得的賺錢「特權」。

有人說：「千線萬線，不如一條內線。」如果你是某上市公司的原料供應商，發覺他們突然開始大量採購，你一定猜得到，該公司接到大訂單了，營收獲利都會爆炸性成長，你也一定會在媒體曝光消息前，趕快趁股價還沒反映

的低檔進場買進該公司的股票。這當然也是「內線」的一種，但這就是你的「特權」啊！

還有一句話：「一個計畫比不上一個變化，一個變化比不上一通電話。」你最要好的哥兒們有了上述第一手的消息，偷偷告訴了你，如此一來，你也變成有這種「特權」的人了。

講了這麼多，我只是要讓讀者知道，沒有內線，根本不容易在股市賺到大錢。這代表三層意義：

一、不要癡心妄想在股市可以賺到讓你從此翻身的巨額財富。

二、不是和你很熟的至親麻吉，甚至跟你不相干的人告訴你的消息，你憑什麼相信？他有任何必要告訴你嗎？你甚至該懷疑，他的目的其實是要把股票賣給你。

三、只能去買資訊透明度高的股票，這種股票比較能夠讓大家在公平的基礎上賺錢。

檢調單位真正應該用心去查的，我認為是董事、監察人、大股東，還有經營團隊對公司的「掏空」案，這才是損及股東權益的重大犯行。

我們先要知道，誰最有掏空公司的動機？如果這家公司

大部分的股權都在董事長家族的手上，他有必要自己把自己掏空嗎？當然是持股少到可憐，但又能當選董事長，可以一手遮天的人，才有動機，而且又有權力這麼做。

再來，公司營收大幅衰退，獲利不佳，甚至連年虧損，既然拿不到股利，就趁公司還有資產時，來個五鬼搬運法吧！能 A 多少就 A 多少，哪管得到你們這些只想賺價差的小股東的權益啊？

把錢 A 來做什麼用呢？當然就是花天酒地，奢侈度日了。所以，如果你看到董事長的花邊新聞從不間斷，兒女不是夜店王子，就是社交名媛，這種公司千萬碰不得。A 錢的爸爸因為東窗事發，或許還有牢獄之災，但他的子女卻可以繼續逍遙享受，小股東們只能抱憾，千金難買早知道。

以上這些問題大概不用看財務報表，你應該都能略知一二。如果你能看懂財務報表，就會發現這種被掏空的公司在出事前，一定有一拖拉庫的轉投資事業。這些轉投資公司的名稱前，多半都會冠上維京群島、開曼群島等等避稅天堂的註冊地，然後看來都不像是有規模的生產事業。會計師根本無從查帳，他們就可以胡作非為了。

當然，如果你碰到博達科技的葉素菲，只好自認「道高

一尺，魔高一丈」，因為你在她的掏空案中，幾乎看不到這些跡象。就因為如此，比你專業千倍萬倍的會計師、證券承銷商、媒體記者，也一樣被她騙得團團轉。

如何避免買到被掏空的公司？最簡單的方法，就是只買各產業的龍頭股。投顧老師、理財專家所推薦的那些名不見經傳的小公司，不管講得多麼天花亂墜，都把它當耳邊風吧！千萬不要貪圖任何投機之財，才能保百年身。

認定自己沒有內線消息，就不會癡心妄想靠股票賺大錢。

# 15 股票上市，對誰最有利？

我大部分的職業生涯是從事證券承銷。大陸的說法是「投資銀行」，簡稱「投行」。工作內容就是大家現在很熟悉的一個術語：IPO，全文是 Initial Public Offering，中文就是「股票初次發行」，在台灣的意思則是「股票上市或上櫃」。此外，幫助上市上櫃公司募集資金，如現金增資，發行可轉換公司債，也是我的工作範圍。不過，本文將以「股票上市或上櫃」為重點。

每次出門去爭取某家公司的上市承銷主辦權時，我一定會詳細說明上市的好處，諸如可以到資本市場募集公司未來擴展所需要的資金，提升企業拓展國際市場的信用度，有利於優秀人才的吸收等。但是，有一個好處我不會特別提出來，而公司董監事和大股東卻都心照不宣，那就是他們多年的投資可以「變現」了。對個人而言，這才是最實際卻不好意思啟齒的好處。

我最痛恨董事長說，他從來不碰股票，因為那太虛假了。如果他說，他不太關心股票，我還可以勉強接受。

要把投資「變現」，有兩個因素一定會被考慮到：一是股價要高，而且能被認同；二是為了股價要高，一定要在

公司獲利最高峰的時候上市。我曾主辦過一個上櫃案，明明送件當年獲利已衰退，我還是堅持要送件，因爲至少還有獲利，再拖一年恐怕就虧損了。後來證明，當時送件的決策是正確的。

這些準備上市上櫃的公司以往賺多少錢，客戶並不知道，一旦上市，爲了強調公司獲利好，這些機密就全攤在陽光下，見光死。客戶恍然大悟，原來你賺了我這麼多錢，太過分了，一定要砍你的價格，請問這家上市公司以後還能有這麼高的毛利率嗎？

沒有以往的獲利，爲了維持股價，只好拚命殺價競爭來衝營業額。一旦本業成長遇瓶頸，只好拿著資本市場募來的便宜資金到處亂投資，美其名「多角化經營」，其實多半賠錢收場，甚至嚴重侵蝕本業獲利，得不償失。

除非你有獨門技術，可以持續享有高毛利，或是你殺價殺得同業全部陣亡，否則上市蜜月期結束，股價很自然就一去不回頭了。這是鐵的定律。除非這家公司位居該產業的龍頭地位，否則幾乎都逃不過這種宿命。

你若有幸抽中新上市股，爆量打開漲停，一定要獲利下車，即使跌多了，也不要心存僥倖，期待它會二度蜜月。你若沒抽中，就不要去關心它，因爲一旦關心，碰到它大

跌，你會以為這就是最大的利多。萬一你還去搶反彈，保
證你偷雞不著蝕把米。

還有，千萬不要再記得承銷價是多少？沒有任何承銷
商和上市上櫃公司能保證絕對不會跌破承銷價。此一時彼
一時啊！承銷價哪裡是用什麼高深的公式算出「合理價
格」？它是承銷商和公司討價還價的結果，毫無學問可言，
甚至有人是向神明擲筊決定的。所以，承銷價大部分都會
跌破，遲早而已。

新上市股，完全不能碰嗎？當然不是。等它早就沒有新
鮮感，籌碼完全分散後，才能用基本面來見真章。

能夠因上市而募集到資金，再做妥善運用的公司，才是
你該投資的標的，不然你以為很多公司董監事「變現」之
後，會真的好好照顧這些投資者嗎？

新上市股爆量打開漲停後，就要把它當成一般股票，
用基本面來檢視它。

# 16 奪命金

　　這部電影在民國 101 年的金馬獎頒獎典禮上非常風光，杜琪峰得到最佳導演獎，劉青雲得到最佳男主角獎，同時還得了最佳原創劇本獎。杜琪峰被譽為當代香港黑幫電影的第一把交椅，原本以為又是一部描述黑道火拼的暴力美學之作，結果看了才知道，是一部講金錢遊戲的電影。

　　本片要告訴我們的是，金融世界比黑道江湖更殘酷，更泯滅人性。

　　故事發生在類似 2008 年金融海嘯爆發的那一天。女主角何韻詩飾演一個整天販賣金融商品的理財專員，男主角劉青雲則飾演一個完全不懂金融商品的小混混。他們兩人在這一天陰錯陽差都賺了大錢，代價是兩條性命。

　　女主角為了能在銀行業績競賽中存活，只好不斷誘導無知的歐巴桑，去買一大堆她們根本不懂的金融商品，美其名保本又勝過銀行定存利息，這很明顯就是在影射雷曼連動債。

　　銀行要求理專要告知投資人風險，要作投資性格分析，但只要白紙黑字簽名，加上錄音錄影存證，銀行就能規避所有責任。這一場理專和歐巴桑的戲非常冗長，但對於這

項流於形式的紙上作業，卻刻畫得非常傳神，許多人應該都心有戚戚焉。我都告訴你風險了，屆時出現虧損，你得自己負責。很多投資人一定會疑惑，你真的有告訴我嗎？

金融海嘯爆發，歐巴桑心急如焚，理專根本愛莫能助，連安慰都很敷衍，因為他們只在乎那些真正的 VIP。廣大雷曼連動債的受害人，連訴諸法律都無能為力，銀行願賠多少，自己只能接受。

她因為一個放高利貸的客戶死於非命，A 走了他還沒存回去的 500 萬，就算丟了工作，她照樣可以揚長而去。歐巴桑後來情況呢？根本沒人關心了。

男主角原本只是幫忙落魄的黑道老大，假借各種名目騙禮金的小混混，結果卻在金融海嘯那一天，為好友去下期貨單，以便翻本來清償債務。

他根本不懂股市漲跌的道理，以為和賭馬一樣，反正不是漲就是跌，在股市崩盤的時刻，誤下了多單。好友以為他遵照指示作空，正慶幸之際，股市卻戲劇性地從跌 1000 點變成漲 1000 點，好友氣急攻心，一命嗚呼，他就這樣莫名其妙賺了 500 萬，遠走高飛。

期貨就在賭漲跌，高槓桿的操作，無限放大了輸贏的倍數。多少人受不住誘惑，希望靠期貨，甚至槓桿倍數更高

　　的選擇權，來以小博大，甚至一夕致富。報章媒體總是歌頌這種傳奇，但一個突發轉變，就可以殺人於無形。

　　黑道直接威脅你的生命時，至少你還知道。但是，金錢遊戲卻讓你不察風險，玩得太大，連命都會玩掉。

　　理財專員在乎的是業績，期貨商和證券商在乎的是獲利，客戶呢？甲賠光了，陣亡了，再去找乙吧！

　　在面對金融誘惑時，切記要把「風險」永遠擺在第一位，「獲利」才會降臨在你身上。只要你持續獲利，銀行理專、期貨商、證券商才會一直奉你為上賓。這些人永遠不會同情一個賠錢的傢伙。

　　沒有理財專家會推薦這部電影，因為它戳破了金錢遊戲的真面目。但是，我和你一樣都只是普通的投資人，所以要在此鄭重推薦給你。

金錢遊戲的殘酷，絕不亞於黑道人生。

# 17 懶惰其實是美德

這句話顛覆了從小師長教我們的所有金科玉律，「懶惰」怎麼會是美德？要讓這句話成立，必須有兩個前提：一是這個懶惰的人必須是「聰明」的，二是他必須是一個「負責任」的人，缺一不可。

Microsoft 的創辦人比爾·蓋茲曾說過，如果碰到一件很困難的事，他第一個想到可以幫他解決問題的員工，通常都是他認為最懶惰的員工。因為這個員工很懶，所以一定會想出一個最簡單的方法來解決它。但是，他不能太笨，因為這樣就想不出來；也不能不負責任，不然永遠解決不了。

我的親朋好友都知道，我是一個非常懶的人。我喜歡簡單的生活，相信一定有簡單的方法可以處理世間所有的事。我雖然自台大畢業，但絕對不是一個有豐富學識的人，充其量只是一個很會考試的人。「抓重點」是我最大的長處，我不會浪費時間在不重要的章節上，人家以為我「記憶力強」，其實是我「只記重點」。

這種個性在職場上，不一定是好事，因為主管會認為我工作不夠努力，不像其他同事「沒有功勞，也有苦勞」，

但我卻是「沒有苦勞，就看不見功勞」。大部分的主管都很賞識我，因為他們看到我「有效率」的一面，但也有少數老闆只看到我「懶惰」的一面。

但是，這種個性在投資理財上，卻是行得通的。我不想靠投資理財「致富」，賺得夠全家開銷就可以了。我追求的是過程中的「樂活」。

「樂活」是「懶惰」的人所追求的目標。我在 2003 年，當時 43 歲，離開有 15 年資歷的證券公司承銷工作，雖然有積蓄，且房屋貸款早已還清，但也不是有錢到可以完全不愁吃，不愁穿。如果就此不再上班，勢必要靠進出股票來維生。

剛開始，我也是散戶積習難改，到處聽明牌，完全不屑產業龍頭股，只追主力股、逆勢股，結果惶惶不可終日，整天焦慮難安。雖一度績效不錯，但 2007 年的次貸風暴，2008 年的金融海嘯都沒逃過，把賺來的都吐了回去。既沒賺錢，又讓心情和生活大受影響，這才痛定思痛，徹底改變投資策略。

以往想要打敗大盤的心態，此時做了一百八十度的轉變。金融海嘯後，我決定只要投資績效和大盤一模一樣就好了。因此，我只順著大盤指數的起伏進出，個股也只關

心產業龍頭股。朋友聚餐時，聽到的明牌完全當耳邊風，也不再熱衷股票的話題。沒想到，不只打敗大盤，還可以追上公教退休人員的優惠存款利率。原來把期望降低之後，才能不存僥倖之心，也才能不冒險躁進。

奇怪？以往念書、工作時的「懶人哲學」，一開始居然沒有應用在投資理財上。可能是離開職場後，把投資理財變成「正餐」，太患得患失了。得等到調整心態，重回懶途，這才能輕鬆賺錢，開心生活。

下一篇，我要介紹兩個好朋友，他們比我還懶。認真挑選股票之後，就緊緊抱牢，幾乎不賣，一個繼續追求工作上的卓越表現，一個成天琴棋書畫，拈花惹草，悠哉度日，這才是我最羨慕的懶人最高境界。別急，翻到下一頁，就可以一窺究竟了。

聰明、懶惰、負責任，才能成就樂活人生。

# 18 投資的最高境界是「不交易」

　　大部分的投資人，不論是散戶、菜藍族，還是中實戶、大戶，都很喜歡殺進殺出。前者是追高殺低、賺少賠多，後者是上沖下洗、震盪取量、賺波段。無論如何，都是證券公司的最愛，因為只要交易，他們就有手續費可賺。我有一個一輩子都在玩股票的朋友，曾感嘆說：「我們都只是幫證券公司打工，來一次股災，賺的全吐回去，但證券公司還是賺到我們的手續費，一毛也不少。」他都已經是「中實戶」等級，尚且如此，若是散戶，碰到股災，可能要倒賠，手續費也得乖乖繳，真的才叫「白忙一場」。

　　為什麼大家還這麼樂此不疲？因為很多人都喜歡追求「買在最低點，賣在最高點」的成就感。但是，你捫心自問，到目前為止，你這麼神準有幾次？恐怕很少，甚至常常「買在最高點，賣在最低點」。

　　我也是典型的散戶，沒有比各位高明到哪裡去。我已經退休在家超過 10 年，早上不看盤，如果沒有王建民、陳偉殷在美國職棒大聯盟出賽，還真難打發時間。看了盤，手就癢，而且現在下單全靠網路，買賣太方便了，就連取消掛單，都不怕被營業員翻白眼。

但是，我有兩個朋友，真的是「不交易」幫的左右護法。

其中之一，一輩子都在同一間公司工作，目前已位居高階主管，一輩子也只有一檔股票，叫做「台積電」（2330）。他的股東戶號，可能是非員工身分中，少數不到三位數的人。他從股價不到 10 元的未上市期間就一直買，後來經過多年的配股，持股已經超過千張。大家算算，他的身價有多少？

他唯一的遺憾是從來沒有賣過。他如果來回操作，可能是 3 億身價，但什麼都不做，只剩 1 億身價。不過，我認為，1 億和 3 億，生活其實不會有太大的不同。「不交易」帶來的心情平靜，可能更勝財富的增加。除非他能全部賣在最高價，否則每賣一次，看到之後還有高價，他就會嘔一次。他只是一般的上班族，努力工作，升到今日的高位，平常也很少研究財經議題，就是一直默默買進他信賴的公司。誰說台積電只有外資在做？

我的另一個朋友也主張「不交易」，但是他之前竟然是在追求高度周轉率的期貨公司上班，現在居然老僧入定，不再交易了。他不是不買股票，而是買了之後，就不賣了。他這個投資心法也曾寫成一本書與人分享，主要的論點是仔細研究各家財報後，挑出營收獲利兼配息穩定的公司，

然後耐心等待低檔再出手買進。

不過，一旦因為發生特殊題材，讓這家公司股價暴衝，超過他當初買進價格的一倍以上，他就全數出清，另找一檔來加入他的投資組合。如果沒有上述情事，他就一直抱著，真是「手中有股票，心中無股價」。他幾乎不看盤，整天畫畫、寫字、種花、吹薩克斯風。

如果你不想選股，又嚮往「不交易」，我建議你可以去買「高股息基金」（0056）。近兩年價格大致落在 22 到 26 元之間，牛皮到不行，但配息最高 2.2 元，最低 0.85 元，股息殖利率介於 3% 到 9% 之間，真的非常適合沒空關心股票的投資人。

我非常崇拜這兩個朋友，他們的境界，我實在做不到。但如果真的選對股票，又何必辛苦殺進殺出呢？如果大盤還有機會回到非常低的位置，例如 6000 點（會不會有點癡人說夢？），我一定要努力「不交易」。

 選對股票，才能享受「不交易」的樂趣。

# 19 交易成本知多少？

寫這一篇短文，可能要得罪很多人了。但是因為投資獲利不易，當然要錙銖必較。除非你能做到前篇短文所提的「不交易」，否則除了股票的買進價金之外，其他能省就要省了。

唯一不能討價還價的，就是政府要跟你抽的證券交易稅。中華民國「萬萬稅」裡面，最不花力氣就能收到的稅，就是證券公司從客戶賣出股票中，幫政府代課的證交稅。結果，馬總統為了實現公平正義，執意要恢復課徵證券交易所得稅，害大戶喪失進場意願，也使得證交稅一年少收三分之一。就算後來證所稅黯然下台，股市交易量已是覆水難收，再也回不去了。這又印證了「政策錯誤比貪汙還可怕」。證交稅真的不能省嗎？其實也是可以的。一般股票證交稅是 3‰，但是投資人比較常買賣的轉換公司債和指數型基金都只有 1‰。賣 100 萬，就能省 2000 元，也很好啊！前者或許交易量不大，但後者動輒幾千張幾萬張的量，且與大盤連動高度相關，是可以考慮的交易標的，至少交易成本比較低。

再來就是證券商收的手續費，規定是交易金額的

1.425‰。當然，這是可以去談折扣的，但一定要自己去爭取。或者，你可以採用網路下單，很多券商甚至打到兩、三折。

如果你每次打電話去下單，營業員只是接聽，然後幫你下單，再回報成交情形給你，那跟自己網路下單有何差別？他憑什麼要賺你的手續費？營業員的服務，如果沒有附加價值，早晚都會被淘汰。

以上是與你買賣股票有直接相關的支出，但間接的花費也有很多，或許你都疏忽了。

買基金，如果要手續費就免談。你如果和銀行理財專員買，手續費跑不掉，因為銀行和他個人都要賺，因此要買就直接和投信公司買。

但是，你以為投信公司就沒賺到你的錢了嗎？你買了1萬元的基金，並不是全數拿去投資，被扣掉的部分就是投信公司抽的管理費。因為比例不高，又是內含，所以你感覺不到這筆支出的存在。

基金贖回時有賺，你被扣得心平氣和；若有虧損，一樣要扣，你就覺得不甘願。如果，基金經理人又牽涉不法，甚至損害基金權益，你就會更嘔。所以，千萬不要在股市狂熱時買基金，因為賠了夫人（價金）又折兵（管理費）

的機會非常大。

參加投顧老師的會員，要慎思，要慎選。「好的老師帶你上天堂，不好的老師帶你住套房。」這句話沒有錯，但你不要只看電視上他們活靈活現的解盤，最好要聽聽參加過的親友的看法。有賺錢，「你看老師多準」；若虧損，「你就是不聽老師的話」。不管怎樣，會費都繳了啊！

每天財經電視台已經邀了夠多的老師，他們報的明牌也夠多了，反正都不要錢，你就仔細追蹤每個老師的說法，經過一段時間，看看誰最準，再決定參加誰的會員。這也是投資理財的成本，當然要精打細算了。

不過，如果你只買產業龍頭股或指數型基金，大概就不用和投顧老師打交道了。

別以為這就是全部的花費了。因為你一定會去看電視、聽廣播、看報紙、看書、看雜誌、參加演講、報名系列課程，甚至購買交易軟體。這些林林總總，也要不少錢，或許你從來沒算過。免費的要盡量利用，要花錢的，就該編列年度預算來控制。

這些「進修」費用和科技業的研發費用不能等量齊觀。前者，你花的錢越多，不保證賺得更多；但後者，只要研發出殺手級產品，就能讓公司的營收獲利大幅成長。因此，

我的建議是「適量」就好。

　　多少是「適量」呢？我認為，最好不要超過一年投資金額的 1%。如果預計投入 100 萬元，一年花在以上項目的錢，最好就控制在 1 萬元以下。在這裡，我又要跟各位媒體先進說抱歉了。投資股市不好賺，各位就多體諒股民吧！

買進股票的總金額之外的所有花費，
切記都要花在刀口上。

# 20 母雞、雞蛋與籃子

所有的理財專家一定會提醒大家：「不要把所有的雞蛋放在同一個籃子裡。」這句話乍聽之下，很有道理，但其實是註定要失敗的。

奉行這句話的投資人，因為不相信自己的選股，只好各種類股都挑一些，美其名是「投資組合」，實際上卻是互相掣肘，害得賺錢的股票被賠錢的股票拖累，結果小賺小賠，白忙一場。

雞蛋沒有烹煮前，當然是非常脆弱，萬一放在同一個籃子裡，一不小心就會全部打破。但是，如果這些雞蛋變成滷蛋，甚至是淡水的鐵蛋，就沒問題啦！因此，如果我們把股票比喻成「雞蛋」，那麼在選股時，我們就要去挑那些不會倒閉的公司。不會倒閉的公司，就是「滷蛋」。

什麼公司不會倒閉？只要資本額、營業額很大，政府一定會救，所以一定不會倒閉？大錯特錯！國外的雷曼兄弟，國內很多 DRAM 廠、民營銀行不就倒了？面板廠合計欠銀行幾千億，而且連虧好幾年，其實也很危險。

唯有占據該產業不可撼動的領導地位的公司不會倒閉。這些公司可能是擁有獨到技術，不怕客戶殺價，讓毛利率

一直維持高檔，或者是透過嚴格的成本控管，把價格殺到見骨，讓所有競爭者只好退出市場。我們稱前者為「藍海」市場，最具代表性的公司就是台積電（2330）；後者稱為「紅海」市場，最具代表性的公司正好發音也相同，就是鴻海（2317）。

就算沒有這些優勢，但已經在該產業的國際市場上，幾十年來都居於領先的競爭地位，也應該可以視為「滷蛋」，例如台塑集團。請注意，競爭地位要看「幾十年」，如果只有「幾年」，還不能確認喔。

經過嚴格篩選，能成為「滷蛋」的公司其實不多，我建議就直接從「台灣50」（0050）的50支成分股中去挑選吧！

如果擔心雞蛋放在籃子裡，有被打破的風險，那就養隻母雞，幫你一直下蛋就好了。只要母雞不死，你就有吃不完的雞蛋。那什麼是「母雞」呢？

如果你挑到一檔操作績效良好的基金，就可以免去選股的煩惱，有專家幫你賺錢，這不就像是養了一隻會下蛋的母雞，永遠不怕雞蛋會被打破嗎？

但下一個問題是，如何挑到一隻健康又會生蛋的母雞？看這個基金過去的績效（母雞的健康證明），應該最準了。但是，去年績效好，不能保證以後績效也好（母雞總有生

病的可能）。或者，基金經理人被挖角而換人，那麼這些以往的績效就再也沒有參考的價值了（雞農換人了）。

再來，要挑國內基金（土雞）？還是國外基金（洋雞）？外國基金經理人（外國雞農）或許比較專業，但是外國的政經環境（洋雞的血統），一般人是很難掌握的，加上還有匯率風險，可能賺了股價，賠了匯價，到頭來也是白忙一場。我們真的不該看衰台灣，台幣大幅貶值的機會不大，因此賠匯價的機率相對就比較大。還是土雞比較好啊！

那麼，品種最安全的母雞是什麼呢？無論雞農是誰，都不必擔心照顧不好呢？我在這裡賣個關子，請各位繼續看下去。你若真的心急，就直接翻到本書的最後 5 篇吧！

只要雞蛋不會破，就不怕把它們放在同一個籃子裡！

第二單元🎵實務加強篇

# 21 變盤、轉折、關卡

　　大部分的投資人都是習慣做多，所以總是希望股價一直上漲，這時候大家最怕聽到的兩個字，就是「變盤」。特別是碰到中國四大節氣，媒體就特愛在此時嚇嚇大家。

　　我真的不能理解，節氣跟股市會有什麼關係？元宵、清明、端午、中秋就一定要變盤嗎？為什麼雙十國慶，就沒人說會變盤？

　　民國 77 年，中秋連假前最後一個交易日，當時的財政部長郭婉容宣布課徵證券交易所得稅，哇，不得了，股市連續 19 天無量下跌，大盤指數一路從 8789 點崩跌到 5615 點，投資人這 19 天股票想賣都賣不掉。或許這是「中秋變盤」的由來。

　　一朝被蛇咬，十年怕草繩。每年中秋，大家都怕歷史重演。中秋會怕，舉一反三的結果，元宵、清明、端午就大家一起來吧！可能還有一個理由，因為現在流行彈性放假。如果這幾個節氣正好是禮拜四，政府就大做好人，氣死老闆，讓禮拜五也放假，這樣就有四天連假。我們放假，全球股市繼續交易，大家就怕此時國際發生重大利空，等我們禮拜一開盤時，肯定補跌。因此，「變盤」之說，越

來越多人信以爲眞了。

會變盤，絕不是因爲節氣，而是其他政經情勢的變化。要變盤，每天都有可能，突發利空會挑日子嗎？

眞正的變盤，比較容易發生在轉折點上。算轉折，大家都會想到「費波南西係數」1，1，2，3，5，8，13，21，34，55，89，144……但是，大家始終困惑的是，到底哪一天算「第一天」？

這給了投顧老師看圖說故事的機會。你看他說以前的走勢，眞是和費波南西係數完全吻合，因爲他可以找一個「第一天」來配合，但如果叫他預測未來走勢，常常不準，因爲他找的「第一天」常常不對。

我認爲「黃金切割率」更神奇。把前述序列的後面一個數字除以前面一個數字，約略等於1.618。「黃金切割率」指的就是0.618、0.5和0.382。指數高低點比找「第一天」明確多了。指數高點乘以0.618，就很可能是第一個下跌滿足點，此處至少會有一個小反彈。此處萬一又跌破，下一個支撐點就是指數高點乘以0.5。第三個，也是最後一個支撐點，就是指數高點乘以0.382。

以上是算支撐點。如果要算指數低點反彈上來的壓力點，則正好相反，我就不繼續做數學教學了。

　　此外，整數也會是一種關卡。但是，我認為每500點才是投資人會留意的關卡。每次聽到電視主持人說，幸好守住了8100點的整數關卡，我就覺得怎麼關卡這麼多啊，每100點，就要小心一回，太辛苦了。

　　但是，最有意義的關卡絕對是5日線、20日線和60日線，也就是週線、月線和季線。強勢多頭，不會跌破週線。只要不破季線，多頭市場依舊不變。稍懂技術分析的投資人，大概都知道這個鐵律。

　　如果有一個點，是指數高點乘以0.618，又是下跌以來的第34天，正巧碰到季線，而且還剛剛好是7500點，這時候，買就對了。你手上的股票如果剛好也碰到這種「天作之合」，買了就一定會賺嗎？不一定，因為個股還要看基本面。我認為所有的「變盤」、「轉折」和「關卡」，只適用在指數身上。個股若沒有基本面支撐，所有技術指標都是空談。

變盤、轉折和關卡，用在指數最準，用在個股不一定準。

# 22 一年應該出手幾次？

這個問題如果問證券公司的營業員，他一定會回答說：「最好每天都出手幾十次，或者上百次。」這樣，他的業績才會好，才會有獎金。

如果問投顧老師，他一定會回答說：「該出手就出手，漲時就買強勢股，跌時就買逆勢股。」這樣，他才有明牌可以報，才能顯出他獨到的選股功力。

如果問某些理財專家，或許會有不同答案：「掌握波段，比殺進殺出要賺得多。」這個答案比較接近我的想法。

如果問我，我會回答：「一年只要出手 3 次，買 3 次，賣 3 次。」

理由是什麼？因為最近 3 年，台股大概都只有 3 次明顯的波段。讓我們來簡單回顧一下這 3 年的台股表現。

## 2011 年，全年跌 21.19%

| 期間 | 最低點 | 最高點 | 漲幅 |
|------|--------|--------|------|
| 3~5 月 | 8,071 | 9,082 | 12.53% |
| 8~9 月 | 7,149 | 7,866 | 10.03% |
| 9~10 月 | 6,877 | 7,743 | 12.59% |
| 合計 | | | 35.15% |

　　即便全年跌幅超過兩成，還是有 3 波漲幅。我可沒有告訴大家都不要進出，因為如果完全不動，照道理，你就是會賠兩成，讓資產只剩八成。如果你都掌握到這 3 波，就算不可能賺到全部 35.15%，但每一波賺一半，也就是 5%，難度應該不算太高吧！

　　你會反駁的第一點是，這是指數的漲幅，又不是個股的漲幅，說不定個股還逆勢下跌呢！沒錯，但如果你買的股票和大盤連動性很強，不就能夠掌握住這 3 波了嗎？為什麼大家非要追求潛力股、逆勢股不可呢？這是你的問題，不是我的論點有問題。

　　第二個質疑是，我怎麼抓得到高低點？大盤出現低點及買點，KD 值一定居於低檔，大盤出現高點及賣點，KD 值一定居於高檔，這是所有投資人都懂的最簡單的道理。追蹤 KD 值，就能找到高低點。

　　第三個質疑是，如果只出手 3 次，就是這 3 次都要買在最低點，賣在最高點，怎麼可能？對，這是我的「語病」。我必須澄清，我說的「3 次」，並不是進出各只打電話 3 次，或按滑鼠 3 次。因為沒有人這麼神，抓得到最低點和最高點。敢這麼說的人，只有少數大言不慚的投顧老師。我說的「3 次」，比較精準的說法應該是「3 趟」。

　　大盤 K 值從高處滑落到 20 附近，就開始買，一路往下買，回彈到 80 以上，就一路往上賣。這樣算「來回各一趟」。這種做法，或許可以讓你買在最低點，但絕不是全部買在最低點，不過至少平均成本可以落在相對低點。同樣的道理，或許可以讓你賣在最高點，但絕不是全部賣在最高點，不過至少平均售價可以落在相對高點。這樣賺一半，也就是 5%，真的不難。

　　我之前曾經提過，每年報酬率 5% 就及格了。如果你第一波就賺了 5%，一定不會急著進場，那就一定等得到第二波的買點。

　　你會說，低點買，高點賣完再順便放空，到低點回補後再做多，一趟就可以賺兩個 5%，也就是 10%，那麼 3 趟就有 30%。沒有錯，你能做到那麼靈活，所有理財專家都只好閉嘴。我和所有投資人一樣，好像只會做多，3 趟合計賺 15%，已經很開心了。如果 2011 年，你都可以賺 15%，2012 和 2013 年，全年大部份時間都在漲，就更容易了。

## 2012 年，全年漲 8.87%

| 期間 | 最低點 | 最高點 | 漲幅 |
|---|---|---|---|
| 1~3 月 | 6,949 | 8,170 | 17.57% |
| 6~9 月 | 6,857 | 7,785 | 13.53% |
| 11~12 月 | 7,050 | 7,757 | 10.03% |
| 合計 | | | 41.13% |

## 2013 年 1~12 月，漲 11.85%

| 期間 | 最低點 | 最高點 | 漲幅 |
|---|---|---|---|
| 4~5 月 | 7,689 | 8,439 | 9.75% |
| 6~7 月 | 7,663 | 8,266 | 7.87% |
| 8~10 月 | 7,737 | 8,646 | 11.75% |
| 合計 | | | 29.37% |

　　真的要每天殺進殺出嗎？真的要盤中一直盯著行情看嗎？真的要去找和大盤指數不相干的潛力股、逆勢股嗎？

傻呼呼去買指數相關股票，然後輕輕鬆鬆一年做 3 次吧！

# 23 行情不能預測，只能假設

只要碰到股市相關的議題，不論是記者，還是主持人，經常愛提一個最簡單的問題：「你認為指數這一波會漲到幾點？」受訪者不論是理財專家，還是政府官員，都一定要說出個數字不可。如果避重就輕，保證脫不了身。

最有名的答案，就是前經濟部長尹啓銘說：「馬總統上任，股市馬上看到 2 萬點。」結果，很多人都信以為真，現在一定吃足了苦頭。他後來被記者逼急了，竟然說那句話是玩笑話。你的玩笑話，害死了多少人啊！我覺得這種不負責任的預測，比內線交易還可惡。

股市行情，豈是凡人可以預測的？就我記憶所及，如果預測的指數和當天收盤只差 100、200 點，大概都不會錯，但是這也不必你預測了，大家都知道。只要差到 500 點以上，很多人就豎起了耳朵專心聽，但請你真的不要太認真。

我要提醒各位，行情不能「預測」，只能「假設」。

一旦你對理財專家的「預測」堅信不疑，你會傻傻的一直等那個數字出現。所幸，幾十年來的教訓，已經讓投資人大徹大悟。對於他們的說法，大家應該把它當作是「假

設」，這樣才能隨時加以應變。

　　指數如此，個股亦然。理財專家推薦個股，一定鐵口直斷，股價上看多少錢。怕人家說他信口開河，就拿出日線圖，說：「以等距測幅來看，前波漲多少，本波就會漲多少。」說得振振有詞，但這是誰規定的，一定會跟上次一樣？你信的話，有心人早在這個價位之下，全部賣光光了，你還在那裡傻傻地等呢！不過，現在這麼笨的投資人已經不多見了。目標價位 9 折就該賣，為了保險起見，有人 85 折就跑了。結果，漲升空間越來越小，小到只剩「狹幅震盪」。既然要把「預測」轉換成「假設」，那該如何隨機應變呢？我也沒有那麼多方法，其實就是一招而已。

　　不論是指數，還是個股，只要理財專家預測的時候，KD 值都在超賣區 20 以下，就可以認真看待它。畢竟要從這裡漲到超買區 80 以上，還要一段時間，夠它逐步向目標區挺進了。如果此時 KD 值都在超買區 80 以上，根本就已經在高檔了，他們的預測真的僅供參考。

　　要預測詭譎多變的股市已經很難了，要靈活應變，困難度也不遑多讓。因此，別心存僥倖去追高，耐心等待低點再出手，就算不會應變，風險都相對較小，也才能趨吉避凶。

我常跟子女說，人生是很難做「生涯規畫」的。我念大學的時候，一心想從事行銷企畫的工作，從來沒有好好學財務或會計。進入職場的前三年，確實都在做行銷，但一個機緣進了證券商，一做十幾年，幾乎大部分的職涯卻都跟金融有關，而且現在居然寫起了理財的書。

股市和人生也很類似。電子金融傳產，主流股常常快速輪轉；大盤有時完全沒有任何徵兆，說變臉就變臉。我們不能期待「一個變化比不上一通電話」，但要時時記得「一個計畫比不上一個變化」。

 行情永遠只能走一步算一步，絕對不能預設立場。

# 24 財務報表是過去式

我以前還在證券公司承銷部工作的時候，曾聽一位上市公司的董事長說過一句話：「一家公司的董事長要管的是明天的事，總經理要管的是今天的事，財務長要管的是昨天的事。一個管策略，一個管執行，一個管考核。」真是講得太傳神了，一語道破 3 個人的工作價值。

財務報表，3 個人當然都要蓋章負責，但是財務長要把守第一關。資產負債表和損益表是最重要的兩張表。前者表明公司某一天，值多少錢？這個「某一天」通常指每個月底、季底、半年底及年底。後者說公司某一段期間內，賺了多少錢？還是賠了多少錢？

請注意，這些都是已經發生的事，而且因為現在企業規模都很龐大，海外據點多，轉投資事業也多，所有的帳都不可能即時表達。當然，所有的數字還要會計師查核確更簽字，因此當投資人看到財務報表時，季報已是一個月後的事，半年報已是兩個月後的事，年報已是三個月後的事了。這麼久以前的數字，能做為買進這家公司股票的依據嗎？

買股票，大家都知道在買公司的未來，但你能掌握到的

公開資料，都是過去的啊！坊間這麼多理財專家教大家如何閱讀財務報表的書，真的和你投資股票能否獲利，有直接的關係嗎？果真如此的話，學會計的人一定就能賺大錢了。

錯！假設某甲買了 A 公司和 B 公司的股票，而他是負責查核 A 公司財務報表的會計人員，但 B 公司的財務報表並非他負責查核，他只是閱讀 B 公司的財務報表後，判斷有投資價值才買的。結果，買 A 公司股票的獲利機會一定比較高，因為他在查核過程中，能夠了解 A 公司的實際狀況，也就是除了財務報表之外，他還有第一手的「內線」，這才是他能獲利的關鍵。B 公司因為只看到書面資料，很多實際狀況無法掌握，獲利機會當然比較低。

除此之外，財務報表只能說是「真」的，但不保證是「正確」的。

財務報表都是根據「財務會計公報準則」所編製，但是真實世界狀況很多，不是制定準則當時所能全數涵蓋，碰到可以權宜解釋的時候，會計師是願意配合公司的，或是會計師根本無從查證的。畢竟會計師簽證還是要向公司收錢，只要不違背準則與相關法令，他沒有必要跟公司作對。

舉一個簡單的例子。大家最喜歡做電子股，也知道科技

日新月異，所以產品生命週期都很短，可能半年後就被淘汰了。為了避免庫存被當作呆滯，甚至被報廢，影響當期獲利，所以在會計師要求制定存貨政策時，認定這項產品半年後還有一半的銷售價值，一年後才完全沒價值，這其中是不是就有解釋的空間？你不能說它是「錯」的，只能說它「不完全正確」。半年後應該完全沒價值？還是還有一半的價值？甚至更多？這取決於不同的產業特性和公司政策，因為沒有標準答案，所以就存在合理的彈性空間。

再來，你聽到電子股「淡季不淡」，業績表現也沒騙你，股價自然就有反映。這有兩種狀況，一是下游需求確實強勁，這沒話說；二只是公司認為下季是旺季，業績沒問題，就跟下游客戶講好在之前的淡季先出貨，結果沒想到下一季沒有原先估計那麼旺，但業績已經提前反映在上一季了，最後你就會聽到公司說「旺季不旺」。營收並「沒有錯」，只是「不完全正確」。

難道閱讀財務報表完全沒有用處嗎？這也不對。它不能做為你「買」股票唯一的依據，但它可以幫助你「避開」地雷股。應收帳款收現天數怎麼越來越長？是不是業績有灌水？存貨越來越多，週轉期間也越來越長，是不是產品已經過時，沒人要買了？毛利率一直下降，是不是非要殺

價才能面對競爭？只要你看得懂，你就能規避風險。

理財專家會在媒體上公開質疑一家公司的財務報表嗎？不會的。但是，他推薦的股票，又常常是根據該公司的財務報表，所以僅供參考囉。

經營團隊、技術能力和產業地位，才是你買股票的依據，但是這些都不會用數字表現在財務報表上。所以，看不懂財務報表，根本不需太過焦慮。買當時市場主流的龍頭股就好了！若你還是不會判斷，就等大盤處於低檔時，買進指數型商品吧！

從財務報表中，很難幫你找到「潛力股」，只能幫你避開「地雷股」。

# 25 除法的陷阱

研究個股的基本面，當然要從閱讀財務報表開始。但單純看各個項目的數字，並不容易判斷這家公司的經營能力，或是它的股價是否合理，因此財務會計專家就找到了許多指標，來協助我們做以上這些判斷。有趣的是，這些指標絕大部分都是用除法算出來的各式「比率」。

理財專家經常就用這些比率，來做為推薦個股的依據。但是，這些比率如果不經過深入探討，其實是處處陷阱。以下就是我對一些常用的比率，所做的提醒：

1. 股息殖利率 = 現金股利 ÷ 股價

這個比率當然是越高越好，可能是「現金股利」（分子）高，也可能是「股價」（分母）低。但是，這個比率只有在完成填息後才有意義。如果不能填息，就成了「賺了股息，賠了差價」，除非你買進的價格遠低於它的除息參考價，才算真正把股息賺進口袋。因此，下次理財專家用「股息殖利率」來推薦股票，你得先看看它最近 5 年是否都能填息，否則就毫無參考價值。

舉宏達電（2498）為例，大家最有感受。民國 101 年，

它配 40 元現金股利，除息前價格是 480 元，股息殖利率高達 8.3%，看起來真吸引人，但後來一度跌到 120 元左右，結果股息賺 40 元，價差卻賠 360 元，划得來嗎？

如果兩家公司的股息殖利率相當，為了保守起見，我們情願去挑股價低的，而不要去挑現金股利高的，因為它能賠的價差相對來得少。

當然，只有營收獲利不斷成長的公司，才值得去領它的股息，股息殖利率才不會是陷阱。

## 2. 股價淨值比 = 股價 ÷ 每股淨值

這個比率當然是越低越好，可能是「股價」（分子）低，也可能是「每股淨值」（分母）高。但是，股價是市場決定的，淨值卻是會計師算出來的，前者經得起考驗，後者就一定精確嗎？

如果淨值正確無誤，股價就不可能跌破每股淨值啊？為什麼市場上還有一大堆股價淨值比低於 1 的公司？

「淨值」簡單的說，就是公司扣掉負債之後，還剩多少錢。製造業的存貨真如帳上的數字，還能賣到這個價格嗎？機器處分也還有帳上這些價值嗎？應收帳款都收得回來嗎？金融業放款出去，不會有倒帳嗎？這些都有太多的變數。既然如此，這個比率有參考的價值嗎？

股價是會說話的，因此股價淨值比低於一的公司，它的淨值應該都是被高估的，所以千萬別因為便宜就去買啊！

3. 本益比 = 股價 ÷ 每股盈餘

這個比率當然是越低越好，可能是「股價」（分子）低，也可能是「每股盈餘」（分母）高。但是，和「股價淨值比」的問題是一樣的。股價是市場決定的，大家都能接受，但是每股盈餘應該是看未來的，而不是過去的。然而，未來的每股盈餘也是充滿了變數啊！

「本益比」真的越低越好嗎？如果一家公司的每股盈餘低到只剩零點零幾，甚至還是負數，這時股價不論多低，本益比都會非常高，反而可能是買進的好時機，因為它現在或許是營收獲利的最低點，再來就要觸底反彈，甚至轉虧為盈了。這種情形在面板或 DRAM 產業，最容易發生。

4. 每股盈餘 = 稅後純益 ÷ 發行股數

這個當然是越高越好了。但是，你一定要仔細看清楚，它是否來自本業？如果絕大部分來自營業外的收入，例如賣了一棟企業總部，或是把轉投資公司的股票全數出清，因為以後不會再發生，這種每股盈餘就沒有參考意義。

5. 毛利率 =（營業收入 - 製造成本）÷ 營業收入

我認為這是相對最沒有爭議的比率。如果一家公司的毛

利率持續非常穩定，證明它有獨到的技術，不會因為競爭激烈就犧牲毛利，殺價搶單。市場常笑很多代工產業是「茅山道士」或是「保一總隊」，就是取「毛利率只有百分之三到百分之四」或「毛利率努力保住百分之一」的諧音，它們只好拚命衝刺營業額，才能保住原有獲利金額。切記，毛利率才是股價的王道。

 各種比率多如繁星，你一定要找到恆星，才能指引你正確的投資方向。

# 26 董事長、財務長和會計師

　　上市上櫃公司的高階主管中，投資人最常聽到的，或是媒體最常訪問的，應該就是董事長了。依《公司法》的規定，董事長是由股東選出的董事們，經過董事會的推舉而產生的，但是該過程絕不會像一般政治性選舉那麼激烈，因為人選在股東會之前早就內定了。

　　你能想像有一天，有人和張忠謀競爭台積電（2330）董事長的寶座嗎？如果這樣，你還敢買台積電的股票嗎？企業經營絕對不能採民主的方式，什麼都要投票表決，哪有精神思考未來發展？因此，只要一家上市上櫃公司發生股權之爭，不管是公司派和市場派之爭，還是董事長和總經理之爭，縱然短期能推升股價，但長期絕對不利，最好別賺這種「災難財」。

　　判斷一家公司是否值得投資，董事長的人品和能力，遠遠超過財務報表所呈現的經營成績。前者雖然非常抽象，完全不能用數字來表達，但是社會輿論的公評，就是最好的佐證。張忠謀、郭台銘，還有以前的王永慶，難道不是投資人買台積電、鴻海（2317）和台塑四寶的最根本理由？

　　但是，這種公司的最大風險，就是個人的生命終究有

限，或是偶然出現的八卦誹聞，都會動搖投資人的持股信心。台塑（1301）走了王永慶，眞的就不是以前的台塑了。國內企業一直沒有很好的接班養成制度，「強人領導」總有結束的一天，屆時恐將引爆股市的震撼彈。

能夠化解前述危機的唯一方法，就是找一個優秀的總經理。但是，總經理是由董事會所聘請的，他可能會因理念不合而出走，甚至直接被競爭對手挖角，他的風險其實比董事長還大。宏碁（2353）走了老外總經理蘭奇，就是最明顯的例子。

此外，總經理的背景，也是評估公司經營能力的重要一環。我特別喜歡研發製造背景出身的總經理，他們的人格特質就是比較「實事求是」。對於財務長出身的總經理，我比較持保留態度，因爲他們「太聰明」了。

財務長多半是公司的發言人，也是研究單位了解公司營運狀況最重要的窗口。財務長的語言能力，經常也成爲外資投資與否的重要依據。財務長對公司股價不是正面因素，但是他的「突然」離職，就會成爲股價的警訊。

「個人生涯規畫」、「個人健康」都一定不是眞正離職的原因，除非他到更大更好的公司任職，否則都要對該公司的誠信或營運未來充滿懷疑。只要碰到此一情形，先賣

爲妙吧！

　　我想沒有投資人會關心上市上櫃公司的會計師是誰吧！
這眞的不重要，因爲分析師也不可能去訪談公司的會計
師，而會計師也不該針對公司的財務狀況對外發言。他們
在財務報表上的簽名，已經要負法律責任了。

　　我只是要提醒投資人看財務報表之前，先看看第一頁出
具報告的會計師事務所是哪一家。如果是勤業眾信、安侯
建業、資誠，或是致遠，俗稱「四大」，那就可以相對放
心。他們的簽證品質和專業堅持，相對比其他事務所要高。

　　還有，最重要的也是最好不要常常更換會計師，就算
「四大」換「四大」，也有可能會出事，例如博達科技就
從安侯建業換成勤業眾信，更遑論從「四大」換到「非四
大」，那就一定要非常小心了。

　　請注意，以上論點都是「相對而言」，對於絕大部分要
努力追上「四大」品質的中小型事務所，還是要加以鼓勵。

 高階主管和財會內外部人員的異動，
都是公司營運的重大警訊。

# 27 這世界，美國說了算

我其實非常討厭美國利用強勢的媒體力量和全球共通的語言，將美式文化和價值觀強迫推銷到全世界。為什麼看到中東人，大家就以為是恐怖分子？為什麼美式民主就一定是每一個國家都適合的政治制度？但是我們就算再討厭它，在金融市場和全球經濟上，我們還是不得不向美國低頭，因為「這世界，美國說了算」。

一家投資銀行的破產，居然可以拖累全世界，釀成襲捲全球的金融海嘯，因為沒有人相信雷曼兄弟會倒閉。全球最大的保險集團 AIG 當然也不相信，所以就賣了很多利率違約交換的商品（CDS），擔保雷曼兄弟不會倒閉。結果，還好美國政府傾全力挽救 AIG，不然造成的災難可能用「海嘯」都還不足以形容，恐怕要用「世界末日」來描述了。

我們常用「黑天鵝現象」來解釋始料未及的金融災難，2008 年的這一事件，無疑就是一群白天鵝中的那一隻突變種。美國也沒有以往的經驗可以參考，只好狂印鈔票來應急，還取了一個很有學問的名稱：量化寬鬆，簡稱 QE。

別的國家哪敢說印就印？這樣一定會造成嚴重的通貨膨脹。烏干達不是有 10 億面額的鈔票嗎？但是美國不一樣，如果連美元都不能相信的話，還有什麼貨幣可以相信？美國狂印鈔票，通貨並沒有膨脹，但這些熱錢反而流竄全世界，造成了各種資產價格的狂飆。

歐元日圓也來有樣學樣，一場金融海嘯居然就這樣安然度過了。以前學這麼多金融財政的課程，原來一點用都沒有。用印鈔票這種最簡單的方法，其實就夠了。

QE 何時退場？如何退場？搞得全球投資人手足無措。這證明了美國聯準會的一舉一動，完全牽動全球股市的變化。我們絕不能有清末義和團的心態，只能隨著美股的波動載浮載沉，要奢望能與美股脫鉤，根本就是癡人說夢。

很多股民愛抱怨，美股跌，我們一定跌；但是美股漲，我們有時候還不漲呢！抱怨無濟於事，要認清事實，你才能做出正確的判斷。2013 年 10 月初，美國政府短暫關門，道瓊連續幾天都重挫百點以上，台股居然逆勢上漲，這只能說是一場「意外」，千萬不能期待每次都如此。

但是，只要我們隨美股大跌，政府官員就會出來信心喊話：「我們經濟基本面非常良好，投資人要有信心。」這時候，千萬別相信他們，這都是最廉價的安慰，只是讓你

套牢時的心情可以稍微好一點罷了。

美國股市不好，消費就會少，台灣出口極度仰賴美國，請問未來的基本面怎麼可能會好？美國人減少消費，一定會造成全球經濟的大衰退。

有一則笑話是這麼說的：希臘鄉間的旅館來了一個美國觀光客。他表示要看看房間如何，才要入住，但他願意放1000 歐元在櫃檯當押金。旅館主人趕緊拿這 1000 歐元，去還了豬農的欠款。豬農拿到錢，又去還了欠飼料商的貨款。飼料商原來有次嫖妓沒付錢，這次終於可以還了。妓女到旅館開房間的錢也沒付，這次正好也可以用這 1000 歐元把房錢付清。這時，美國觀光客不滿意房間，決定把 1000 歐元拿走，但所有人的欠款都還清了。美國人只要有消費的「念頭」，這個世界的經濟就不會完蛋。

亞洲人以節儉為美德，累積大量儲蓄，做為經濟發展的基礎。但是，美國人以能取得貸款做為自己信用良好的證明，所以他們勇於借錢，勇於消費，這才能讓全世界欣欣向榮。因此，全球怎能不以美國為馬首是瞻呢？

別跟自己的錢過不去，在金融市場和全球經濟上，美國就是老大。

# 28 利多利空，外資決定

只要有財經消息在媒體曝光後，投資人就會把它區分成「利多」或「利空」來解讀。但是，行情的發展，常常不一定和解讀相同。例如，某家公司業績獲利明明大幅成長，股價理當上漲，但偏偏開高走低，理財專家此時會告訴你，這是「利多出盡」。因為很多知道這個內幕消息的人，早就在低檔進場了，一旦消息見報，正好拉高賣給後知後覺的一般投資人。

既然有「利多出盡」，當然就有「利空出盡」，開低走高，理財專家又告訴你，這叫「利空淬鍊底部」。

這些都是事後諸葛的言論，有沒有辦法能夠事先辨別清楚呢？當然有，就是看外資的買賣超和期貨的多空留倉情形。我們必須承認，利多利空，其實是由外資決定的。

我舉一個最近的例子，來證明外資的進出可以改變我們對消息解讀的習慣想法。2013 年 8 月 28 日起，外資開始連續買超，中間只有一天賣超不到 1 億元，一直到 10 月 25 日才轉為賣超 29 億。這一段期間期貨雖然偶有空單留倉的情形，但大部分都是偏多操作。各位記得這段期間發生了哪些事嗎？

首先是 9 月初，發生了馬王政爭。總統、立法院長、行政院長，針鋒相對，好不熱鬧。會不會像 2004 年 3 月 19 日淒風苦雨中，連戰聲嘶力竭喊出「我要提出選舉無效之訴」後，股市隔週就出現腥風血雨的暴跌？

但是，居然沒有歷史重演。外資每天繼續買超，而且都在尾盤作價，硬是要大盤翻紅。當然，有人合理懷疑，這是政府假藉外資名義，行護盤之實。因為萬一股市重挫，馬總統民調恐怕更風雨飄搖。不過，沒人會出來承認或否認。藉誰的名號才能穩定股民的信心呢？眞是只有「外資」才能把「利空」像魔術一樣變不見。

度過政爭，美國又不平靜。9 月底 10 月初，美國參眾兩院對政府預算僵持不下，甚至一度導致政府關門。接著，美國舉債上限若不提高，到了 10 月 17 日，美國公債將出現有史以來首次的違約倒債。這是何等的利空啊！道瓊指數這段期間確實重挫了 6.3%。

台灣呢？我們求學時代每天朗朗上口的「莊敬自強，處變不驚」8 個字的精神，又在外資持續買超下，再度出現了。我們這段期間的指數雖然也短暫下跌，但立刻就反彈了。結算下來，還上漲了將近 4%。以前我們不是說「美國打噴嚏，台灣重感冒」嗎？這一次居然完全免疫。又是

外資對利空視而不見的鐵證。

中國古語說「事不過三」，10月公布9月出口金額，意外下降了7個百分點，總該是利空了吧？外資說，台灣投資人說的不算，他們說的才算數。外資繼續買超，好像什麼都沒發生，而且居然還創了當時新高8465。我們只好認輸，台股生殺大權，唯外資是問。

不過，最後要提醒大家的是，外資真正的想法，是要看他們「做」了什麼，而不是聽他們「說」了什麼。媒體透露的外資研究報告千萬不要「完全」相信，因為以下的情形常常發生：他們的報告推薦A股票，但他們的券商客戶卻反而在賣A股票。

你想想看，這些外資分析師的年薪都是台幣千萬起跳，他們寫的報告是給不相干的一般投資人看的嗎？看外資券商的報告，還動不動要查英文字典，但看他們的進出明細，不必翻譯，反而更接近實情。

 外資買賣超金額和期貨留倉情形，是外資真正的看法。

# 29 絕對低價和相對低價

　　很多投資人對價格都有一種莫名的執著，A 股票一定要等到 50 元以下才買，B 股票一定要等到 100 元以上才賣。或者說，指數跌破 7000 點，就要進場：突破 10000 點，就要賣光光。但是，為什麼是這個數字呢？也說不上來，大概因為是整數吧！

　　以上所提，就是「絕對價格」。我在 2013 年曾應邀辦過幾場演講，聽到很多來參加的學員說，大盤只要跌破 7000 點，或是「台灣 50」（0050）跌破 50 元，就一定要參考我的做法來進出。但是，當年指數最低只來到 7663 點，「台灣 50」只來到 52.95 元，難道一整年下來，你都要眼睜睜看著行情一路走高，然後空手哀怨嗎？

　　也有人質疑說，我是因為在 2008 年最低點 3955 附近買了很多「台灣 50」，才能有超過 18% 的績效。我不否認，確實是如此，但你難道也要等到跌破 4000 點才進場嗎？或許 5 年後才能再看到這個低點，甚至一輩子都看不到了，你就永遠不進場了嗎？

　　那麼，什麼是「相對價格」呢？就是指價格在「相對高點」或「相對低點」，但是如何判斷呢？這時候的依據就

是我最常提到的技術指標KD值。K跌到20以下，就是「相對低點」，可以進場了；K突破80以上，就是「相對高點」，可以出場了。

不過，請注意，前一次K跌到20以下，假設股價是53元，但這一次又跌到20以下，股價有可能反而更高，來到54元，這就是「相對」的觀念。在多頭市場，我們都知道一底應該是比一底還高，所以就會出現前述的狀況。空頭市場正好相反，上次K突破80，股價是42元，結果這次又突破80，股價可能只剩下41元。

延續前面的例子，你在股價53元的時候進場，等到K突破80時，股價應該有機會來到55元，你就把它賣了，賺2元。等啊等，K又回到20以下，股價回檔到54元，你就再買，因為下次K突破80，股價可能就來到56元，又可以賺2元了。兩次總共賺4元。

如果你一開始就非等到「絕對低價」50元以下才要買的話，你就賺不到這4元了。

有一次受邀上一個電視財經節目，主持人在最後要我用一句話總結我的操作心法，我立刻引用我自己書上的一段話來回答：

「該買就買，別管你當初賣出的價格；該賣就賣，別管

你當初買進的價格。」

在多頭市場，你賣掉之後，可能它又持續上漲，難道後面那一段，你要眼睜睜放棄嗎？把它買回來，你才能繼續賺。但是，請注意，既然你是遵守紀律，在 K 突破 80 以上才賣，你千萬不要在 K 來到 90，就把它買回來。這時候，你還是應該等回到 20 以下再買回來。不過，方法也不能一成不變，這種強勢股的 K 值或許跌到 60 就反彈了，這時你就應該進場了。

什麼時候跌到 20 才買？什麼時候跌到 60 就要買？很抱歉，這裡沒有標準答案，也無從教起。或許這就是很多人常說的對股價的 sense 吧？每一支股票都有它獨特的股性，你經常進出，自然就比較能掌握它的節奏。這完全是應了那句老話：「師父領進門，修行在個人。」

最後，還是要不厭其煩地提醒各位，KD 值用在大盤指數「相對」較準，個股牽涉投資人的想像空間，經常會鈍化，所以要更小心靈活的運用。

該買就買，該賣就賣，別管你之前進出的價格。

# 30 忘記當初買進的價格

買股票當然是要拿來賣。把股票當「投資」的人，絕對比把它當「投機」的人要少。股票套牢之後，才會安慰自己是「投資」。

賣掉手中「賺錢」的股票，誰都會做。賣得好，賺得多，賣得不好，只賺蠅頭小利，但到底還是賺。這裡，要和各位分享的是，如何去賣手中「賠錢」的股票。

「停損」當然是最重要的一招。只要持股跌了 10% 到 15%，就該執行停損，認賠出場。但是，散戶的通病就是「只要不賣，就不算賠」。以為等到天荒地老，總有一天會解套。

如果你真的有那種當初沒有停損，如今套牢嚴重的股票，請務必記住以下這句話：「忘記你當初買進的價格。」這有兩個好處，一是避免你逢低攤平，二是讓你捨得去賣它，不會心疼。

套牢的股票最忌諱「攤平」，結果常常是「一路攤平，攤到躺平」。因為你記得當初買進的價格，所以只要它跌了一大段，你就會覺得好便宜，心動手就癢，「以前都敢買了，現在這麼便宜，為什麼不敢買？」一買下去，又多

套牢幾張。

有些投顧老師最愛教投資人「加碼攤平法」。再以宏達電（2498）為例，假設你在1000元買了1張，花了100萬。結果一路跌，跌到500元，你認為已經打對折了，加碼攤平買2張。後來又跌到再對折250元，這回買4張。最後居然跌到又對折125元，這回只好買8張。一路買下來，你花了400萬。以宏達電最低價122元計算，如果你只買一張，賠87.8萬，但一路攤平的結果，卻賠了217萬，快要多賠3倍了，請問以後你還敢一路攤平嗎？

說穿了，就是因為你記得當初買的價格是1000元，所以跌到500元、250元、125元，你都不嫌貴。但是，電子股只要經營策略一出錯，很少有機會再翻身。屆時，什麼價格都嫌貴。理財專家也最愛說：「跌深就是最大的利多。」千萬別信！如果你忘了當初買進的價格，或許你在面對它反彈到相對高價時，你會捨得去賣它。什麼叫「相對高價」？就是技術指標呈現過熱訊號，或是股價來到重要壓力區。

一般情形下，KD值來到80以上，才進入過熱的超買區。但是，如果股票一路走空，KD值來到60以上，可能就要視為技術指標過熱，這時候建議你要勇敢賣它。之前沒停

損，現在就來停損吧！或許現在賣的價格是當初買進價格的一半，正因為你忘記了，所以你敢賣；但如果你記得，恐怕你就捨不得賣了。

此外，這種股票最上面的均線一定是年線，再來是半年線、季線、月線，一路向下，最下面才是 5 日線，形成了層層反壓。如果有幸反彈到俗稱「生死線」的季線，請務必要賣掉。

如果你不是只有一張，實在捨不得全部一次停損，就分批賣吧！至少每次都停損一部分了。

股市還有一句名言：「會買股票不稀奇，會賣股票才是師父。」就算是手上的股票處於獲利狀態，也要懂得「停利」。KD 值都來到 95 以上，這時你若還奢望持股會繼續漲不停，就很可能只是一場「紙上富貴」。「落袋為安」非常重要，誰知道一覺醒來，世界會不會發生劇變？因為 90% 的突發狀況都是利空，千萬要步步為營啊！

忘記當初買進的價格，才能在該賣的時候捨得賣。

# 31 佳德和其他糕餅店

我認為自己在朋友眼中，應該是一個非常熱心助人的好人。但是，我跟所有的朋友都會先聲明，什麼忙都可以幫，就是不幫各位在逢年過節時，去買「佳德」鳳梨酥。

因為我家離佳德的店面很近，曾幫一位親友在中秋前夕去買。結果，整整排了一個鐘頭才買到，從此我就發誓，再也不要去排了。

佳德鳳梨酥是這幾年竄紅速度最快的北市伴手禮，因為它的知名度，還讓南京東路五段成為觀光消費的一級戰區。它的排隊人龍經常橫跨包括自己在內，總共 10 間店面，甚至還繞了兩圈。

或許別的名店排的隊伍更長，但我要說的重點是，它的人龍都會經過另一家糕餅店的門口，而這個現象也給了我一個股票投資的啓發。

「佳德」太有名，我這樣直呼它的店名，應該也不會有廣告之嫌。但是，人龍經過的另一家糕餅店，我還是暫隱其名吧！姑且稱它為 H 店。

其實 H 店也有賣鳳梨酥，只是不管佳德的人潮有多少，我卻很少看過有人不耐久等，直接到 H 店去買。甚至有一

度，H 店要求佳德，人龍不可以在它門口停留。我也吃過H 店的鳳梨酥，口味真的沒有差很多，但為什麼人們就非要買佳德不可呢？

想必是鳳梨酥都是拿來送禮的，「名氣」比什麼都重要。名氣越大，越顯出送禮者的誠意。若要自己吃，佳德和 H 店其實都可以。

股票投資不是也一樣嗎？

在這個高度競爭的時代，哪一個產業會出現一家公司就能夠壟斷整個市場的情形呢？雖然不會，但這個產業的第一名常常吃掉六、七成的市場，第二名還有兩、三成，但其他所有的同業就只能搶那最後的一、兩成市場。

這些公司可能都會上市，股價就成為它們市占率的最佳證明。只要第一名和第二名的營收、獲利差距都很大時，股價的差距也會很大，更遑論第三名以後的公司了。

很多投資人眼見龍頭股的股價越來越高，一來可能資金不夠多，已經買不起了，二來可能覺得漲多了，大概會漲不動，回頭看其他同業股價，赫然發現「真是太便宜了」，然後自己替這些公司的股價叫屈，心想總該還他們公道吧？而且，還認為會有「落後補漲」的行情。

其實，這都是一廂情願的想法。股價哪有「公道」？什

麼價格就可以認定是「太便宜」呢？當然，我不能否認或許真的會「落後補漲」，但經驗告訴我，能補漲的時間和股價真的很有限。

萬一碰到大環境有劇烈波動，第一名公司的體質一定優於其他公司，它能承受風險的程度也一定比較大，因此股價回檔幅度相對較小。這時，其他同業很可能就會面臨生死存亡的關頭，股價漲時沒分，跌時卻一定逃不掉，甚至恐怕連面額都不保。

奇怪？你情願排一個鐘頭的隊伍去買第一名的鳳梨酥，也不去另一家根本不用排隊的糕餅店，那你為什麼就會去買產業第一名以外的公司股票呢？前者大不了只是不好吃，但後者卻很可能造成你金錢上的虧損。

佳德店門口前的人潮，何嘗不能看做是股市裡，人氣匯聚的主流股？唯一的差別只在於，熱門商品一旦退流行，不過就是吃不到、買不到罷了，但是主流股一旦人氣退潮，就要非常小心了。最好能停損，別再懷念當年股價有多麼威風，而且絕不能留戀，更不能隨意搶反彈，甚至一路往下攤平。人氣商品再怎麼貴，都不可能比一張股票貴，前者頂多損失「一點時間」，後者萬一操作不慎，損失的可是「無數金錢」哪！

　　既然主流股人氣總有散去的一天，或許你一開始便不理它就好了，難道其他產業的股票就一定不會漲嗎？有些美食其實也不一定要排隊，就像有些股票雖然很少漲停板，但是一樣也能賺錢啊！

吃吃鳳梨酥，輕輕鬆鬆買股票，才是人生。

# 32 星光大道的歌手

上一篇從鳳梨酥談股市投資，這一篇則要從林宥嘉來談起。中視《星光大道》的歌手這麼多，為什麼我單單要挑林宥嘉來寫呢？其實這是私心作祟，因為他是我小女兒最喜歡的歌手，甚至高中基測一考完，就趕到西門町去參加他的簽唱會。

林宥嘉是該節目第一屆的第一名歌手，唱歌技巧無庸置疑。儘管他也出了個人專輯，但是他卻不是該屆最紅的歌手。楊宗緯和蕭敬騰的大 PK，才是《星光大道》當時最受矚目的亮點。比賽結果是林宥嘉勝出，但楊、蕭兩人的歌喉與其相比，也是難分軒輊，加上他們極具話題性，所以走紅的程度更勝一籌。

這好比兩家公司的 EPS 都是 3 元，應該算是股市的資優生了。照道理，股價應該一樣，但事實常常不是如此。你千萬不要以為股價低的，總有一天會追上股價高的。或許真有比價效應，但多半只會稍微拉近一點而已。

狀況一是兩家公司屬於同一產業，但是可能是經營者的魅力有差，或是投資人對兩者未來發展的信心有別，股價就會不同。就算 A 公司的 EPS 只有 2.5 元，股價也不一定

會輸給 EPS 3 元的 B 公司。股市不是用數學算出來的，股價都是反映投資人對未來的預期。

狀況二是兩家公司屬於不同產業，這就比較容易理解。因為不同產業的成長性當然不同，享有的本益比也當然不同。如果其中一個產業充滿未來性，如當年的 LED、太陽能，或是近期的生技股，它們還享受更高的「本夢比」呢！

比完了同是出身《星光大道》的歌手，再拿林宥嘉和周杰倫來一較高下。我懷疑，周杰倫如果去參加《星光大道》歌唱比賽，很可能第一輪海選就會成為遺珠。因為他這種唱法，根本就不對我們這種 LKK 的胃口，也大概很難被傳統評審所接納。

但是，有人會否認周杰倫比林宥嘉更紅嗎？說周杰倫是大中華區的第一天王，恐怕沒人敢反對。但是，他的獨特唱腔和音樂才華，如果沒有被獨具慧眼的伯樂發掘，現在可能就沒有這號人物了。

不能扯太多影劇內容，還是得趕緊拉回理財的範圍。林宥嘉好像績優股，沒人會否認它的穩健投資價值，而周杰倫就是所有理財專家費盡心力要挖掘的潛力股、狂飆股。績優股看財務報表就可以決定買進，但潛力股的財務數字卻常常只是普通而已，這時候就要有通天法眼，才能看出

它的投資價值。

投信公司和證券公司的研究人員，很多都不是念財務會計出身的，反而是理工背景居多。我也提過，財務報表其實是過去式，公司產品的內涵，才是決定其成長的關鍵。歌唱比賽的評審像會計師，但許多唱片製作人更像創投基金的管理者。

當然，我也不會否認，簽周杰倫的風險，應該遠大於林宥嘉。不過，還是老話一句：「高報酬一定伴隨高風險。」或許有很多比周杰倫還有才華的人最後並沒有冒出頭，所以他們就像創投基金的投資個案一樣，只要有一件成功，就可以彌補九件失敗的案子。

你我都是平凡的投資人，取得的資訊都非常有限，如何有能力發掘周杰倫呢？或許很多理財專家會幫我們找到所謂的「投信認養股」，但是通常也都漲了一大段，你敢追嗎？還不如就聽歌聲美妙的林宥嘉吧！就乖乖買績優股吧！至少風險低又能有穩健獲利吧！

先求獲利能力穩健的，再求有未來性、題材性的股票。

# 33 真的有無風險投資嗎？

你一定不相信，除了銀行存款、政府公債理論上無風險之外，其他投資怎麼可能無風險？股市中真的有幾乎無風險的交易，為什麼要用「幾乎」這兩個字？因為它還是有「一秒鐘的風險」。一般人把這種無風險投資稱為「套利交易」。

本文可能是整本書最有學問的一篇，畢竟「無風險」的代價就是「專業」，如果大家都會，這種無風險獲利的機會就不存在了。

## 1. 轉換公司債與現股

最常見的套利交易就是轉換公司債與現股之間出現的價差交易。你如果看到「AA 一」的股票名稱，就是 AA 公司發行第一次的轉換公司債。它是一種公司債，一般面額是 10 萬元，你買了它，就表示 AA 公司欠你 10 萬元。但是，AA 公司根本不想還你錢，就提供你另一個選擇，讓你可以用每股若干元換成 AA 公司的股票，例如，轉換價為每股 20 元。如果現在市價是 22 元，你把 10 萬元的公司債拿去轉換，就可以換到 5000 股（10 萬元 ÷ 20 元＝5000

股）。你再把股票用 22 元賣掉，不是就可以賺 1 萬元嗎？
（22 元 ×5000 股－ 100000 元＝ 10000 元）

不過，股市是非常有效率的市場，這時候「AA 一」的
市價大概會漲到 108 元，也就是說你必須花 108000 元才
能買到這張債券。不過，依發行條件，你還是可以換到
5000 股。這時候，你買進債券的下一秒（請注意，一定
要「下一秒」），趕緊用每股 22 元放空 5000 股 AA 公司
的股票，確保獲利 2000 元（22 元 ×5000 股－ 108000 股
＝ 2000 元）。這時候，就完全無風險了。

不過，有兩點要提醒你，放空股票要繳保證金，再加
上買進債券的價金，等於要兩倍的資金。還有，請特別注
意，這種交易最好在除權息以及股東會後做，以免因轉換
過程有法令規定的時間，導致還換不到股票時，就被強迫
回補。

## 2. 公司合併

這是次多的套利交易。現在有很多公司上市之後，願意
用開放的心態，來面對自己被其他公司合併而消滅。這時
候，為吸引對方願意被合併，存續公司通常會開出比市價
稍高的價格來娶親，因此就產生了套利空間。例如 A 公
司想要合併 B 公司，開出的條件是 B 公司可以用 2000 股

換 A 公司 1000 股。這時，A 公司股價 50 元，B 公司股價 24 元。同樣的做法再來一次，買進 2 張 B 公司股票，花 48000 元，下一秒立刻放空 1 張 A 公司股票，獲利同樣是 2000 元（50 元 ×1000 股－ 24 元 ×2000 股＝ 2000 元）。

該注意的地方和上一段最後完全一樣，我就不重複了。

## 3. 公開收購

這和「公司合併」有些類似，只是 B 公司若要被 A 公司收購，B 公司股東是直接拿到現金，而不是換成 A 公司的股票。為了吸引 B 公司股東願意賣出，當然也要有溢價。例如 B 公司股票市價為 24 元，A 公司願意用 27 元公開收購，你不就現賺 3 元嗎？但是，絕不會這麼好康，因為一旦發布重大訊息，B 公司開盤可能就會漲停板 25.65 元，你買都買不到。第二天大概會漲到 26.6 元，但已經沒有什麼獲利空間了。不過，這時候不用去放空 A 公司股票，只要單純買進 B 公司股票就可以了。

本來這種公開收購應該也沒有風險，但是國巨（2327）曾要被某公司公開收購，但收購公司的股東背景有些爭議，金管會居然破天荒不准，害當初買進國巨股票等收購的投資人全部套牢。不好意思，我也是其中一個，所幸張數不多。做無風險投資竟然也會踢到鐵板，真是不得不慎

啊！

### 4. 現金增資詢價圈購

　　這種套利一直被廣大投資人質疑。一般現金增資都會折價發行，以吸引投資人認購，但有時公司決議原股東放棄，而用「詢價圈購」的方式辦理，由承銷商自行決定認購資格，大家當然會合理懷疑這免不了有黑箱作業。但如果你知道自己屆時有權認購這次現金增資，你當然會先放空市價較高的現股，等認了價格較低的新股再去還券，鎖定價差，就完全沒風險。但是，前提是你要確定能認購，否則只能看別人賺了。

　　當你看到某股票要辦現金增資前，券資比高達 90% 以上，千萬別以為有軋空行情，這純粹是套利交易。你沒資格認，就只能在旁邊看熱鬧。

 無風險投資可遇不可求，世上白吃的午餐真的不多。

第三單元❾媒體迷思篇

# 34 資訊爆炸的時代

在以往那個電視、報紙、廣播鋪天蓋地的年代，再加上電話的普及，資訊已經多到無法消化。如今，網路和手機的發明，更造就了這個「資訊爆炸」的時代。但是，「資訊不對稱」的不公平現象卻依然存在，每一個人收到的資訊的「品質」還是不一樣。

歐洲神祕的羅斯柴爾德（Rothschild）家族，就是靠獨家且正確的資訊，建立起富可敵國的金融霸業。老羅斯柴爾德利用綿密的情報網路，在英國本島還不知道拿破崙滑鐵盧戰敗的消息之前，大肆收購崩盤的英國公債，而成為日後歐洲最富有的家族，甚至讓英格蘭銀行交出了貨幣發行權。其實，英國公債的崩盤，也是他事先大舉放空，製造拿破崙將獲勝的假象所造成的。

從這個故事，你就知道「獨家」資訊可以讓你致富，「不正確」又「人盡皆知」的資訊可能讓你傾家蕩產。前者是「情報」（intelligence），後者只是「資訊」（information）。美國中央情報局 CIA 中間的 I，可是 intelligence 喔。

一般投資人都是從電視、報紙、網路得到投資的訊息，你捫心自問，大家獲得的資訊是不是都一樣？既然一樣，

為什麼你就認為自己一定會賺錢，別人就一定會賠錢？這些媒體存心騙你嗎？應該不至於如此，但是大家都有的資訊，就不叫「有用」的資訊了。

再者，你取得這些資訊花了什麼錢嗎？頂多每天一兩份報紙，每個月一兩本雜誌，再加上有線電視的月租費，一個月最多一兩千塊吧？這麼便宜，怎麼會有好東西？有一句名言：「天下沒有白吃的午餐。」人家羅斯柴爾德建立的情報網路可是砸下重本的。

在這種大家都有的資訊中，唯一可以賺錢的機會，就是你知道它是一個錯誤的資訊，這就成了你的「獨家」資訊，跟別人不一樣了。我舉一個親身經驗來和大家分享。

民國92年有一天，《工商時報》頭版有一個聳動的標題：「台灣慧智股票即將灰飛煙滅」。9點開盤，台灣慧智股價果然跌停開出。我仔細看了一下新聞內容，原來是台灣慧智準備要把整個公司賣給海外的致達科技，收購價14.5元。奇怪？開盤跌停價12元，不是比收購價低嗎？如果買進，屆時依約賣給致達科技，不是一股現賺2.5元？那麼，為什麼會跌停呢？只是因為標題太嚇人嗎？我決定大膽買進，不賺白不賺。果然，市場上慢慢有些聰明人搞懂了，開始陸續有買盤，9點半，跌停打開，直衝漲停。這

就是你知道資訊錯誤所帶來的意外之財。

這是台灣第一件公開收購案，大家經此教訓，往後的公開收購案就不會再發生開盤跌停的烏龍了。這個案例，我和大家取得一樣公開的資訊，差別只在於我知道它的標題用錯了，但大部分人不知道而已。

既然便宜沒好貨，你就想去付費參加投顧老師的會員！這樣，你就有了跟別人不同的資訊了。但是，奇怪？你看那個老師在電視上報的明牌好準，為什麼一參加就不準了？

因為他一次告訴你好多支，你沒那麼多錢，只好選其中一兩支，偏偏他都只對了一支，就是他在電視上吹噓的那一支。如果他的收費是你賺多少，他抽多少，甚至賠的時候，也是你賠多少，他還照比例賠還給你，那保證準。有這種老師嗎？一定沒有。他收了會費之後，就隨人顧性命了。

和大多數人「不一樣」又「付費」的資訊，也不能保證讓你賺錢，怎麼辦？眼不見為淨吧！但我的意思是，個股的資訊就別看了，不要再妄想能找到逆勢股、狂飆股，這是有內線消息的人的專利。你要看的資訊是，有關國內外總體經濟走勢的分析，以及可以導正你理財觀念的文章，

前者讓你順勢而爲，後者讓你穩健獲利。

　　身處這個資訊無所不在的時代，如何善用它，而不被它誤導，對每一個投資人，都是非常重要的課題。接下來的幾篇文章，我就從電視、報紙、雜誌和理財書籍的諸多面向，來爲各位讀者深入探討。

如果你只有「資訊」，沒有「情報」，那等於根本沒有。

# 35 電視小心看，報紙反著看

在所有媒體中，電視、網路和廣播，應該是最即時的。有線電視的新聞台，一天 24 小時播放，任何重大新聞發生，大概都不會有時差。上班族沒辦法看即時新聞，就只能上網了，但幾乎也能同步掌握重大新聞的進展。廣播的影響力在網路崛起後，已經今非昔比，我在此就不做探討了。

電視因為太即時，所以它的「新聞快報」經常讓投資人腎上腺素飆高，瞬間失去理智。最有名的例子就是 2007年底，馬英九特別費案在盤中宣布無罪時。當場，台股急拉，一度大漲 146 點，電視上立刻出現證券商營業廳裡歡聲雷動的畫面。不過，只有 5 分鐘熱度，突然湧現一股強大的殺盤力道，不到半小時，居然由紅翻黑，電視畫面又是一片驚呼連連。

馬英九無罪，意謂他可以代表國民黨競選總統大位，民眾當時普遍認為未來經濟將一片看好，大盤才會有這種激情演出。然而，這種瞬間狂熱，正是低檔押寶者最好的出場時機，他們當然要趁勢大賣，果然也都能賣在最高點。

由這個例子導出的結論是，盤中突發利多不要喪失理

智，千萬不要躁進，如果手中有股票，反而應該先落袋為安。

那麼，如果是突發利空呢？要視狀況而定。日本311大海嘯，對經濟一定造成嚴重衝擊，這時手腳一定要快，先跑再說。如果是個別公司的利空，就算你沒有持股，也不要隨便放空。多年前，盤中插播華航飛機失事的快報，後來證實是烏龍一場。當時你如果放空，不是自己給自己找麻煩？電視台才不會為此負擔你的虧損。

因此，千萬不要對電視新聞快報反應太過快速和激烈。

電視為了求快，有時候會省略求證的過程，但是報紙隔日才出，求證絕對是必要的。當然，報紙對八卦新聞和財經新聞的態度是不一樣的。前者可以捕風捉影，就算受害，也只有當事人，但是後者必須詳加求證，否則讀者做了錯誤判斷，可是受害者眾。

我們常說：「股價會說話。」當一支股票一路狂飆，報社記者才會對該公司有採訪的興趣。採訪之後，終於知道原因所在，結果登在報上之後，就成了「利多出盡」。早先已經知道內部消息而進場的人，此時正好通通賣給那些後知後覺，看報紙買股票的投資人。

反過來說，當一支股票一路狂跌，終於在報紙上真相大

　　白時，通常都是「利空出盡」，放空的人趁機回補，空手的人開始進場，這就是另一句話的明證：「利空都是拿來淬鍊底部的。」沒有報紙的利空，哪來底部？

　　很多人會懷疑，記者是不是都先知道消息，默默買進之後，才把消息見報，讓讀者來替他拉抬股價？我不排斥有這種情況存在，但應該是少數。但是，無論如何，見報的消息一定是「最後一手」，而且又是「大家都知道」，你這時才進場，常常就會成為最後一隻老鼠。

　　「觀察股價」比「看報紙」更重要。報紙是拿來驗證你的選股是否正確，不是讓你做為選股的依據。

　　我不否認，電視和報紙是投資人取得資訊最快速的管道，但是一定要有正確的態度來面對這兩個強勢媒體，你才能蒙其利，避其害。

小心看電視，別激動。反著看報紙，別心動。

# 36 向 57、58 台致敬

　　年紀稍長的人一定記得，民國 78 年是全民瘋股票最顛峰的時代。吃喜酒、同學會、好友聚餐時，只有一個話題，就是「股票」。當年還沒手機，在外要連絡，只好找路邊的公用電話打，幾乎每一支電話筒也都在聊股票。大家互相交換明牌，分享資訊，開始嫌《經濟日報》、《工商時報》訊息太慢，因此一家專業的股票電視台終於誕生，那就是「非凡電視台」，現在大家習慣稱 58 台。成立當年，還是非法「第四台」的年代，到如今已經成為無線老三台之一的台視的大股東。

　　58 台成功之後，57 東森財經台這個後起之秀，也成了另一個股票電視台的重要品牌。我最佩服這兩家電視台的地方，就是每天早上八點四十五分，期貨開盤後，一直到下午一點四十五分，期貨收盤前的 5 個小時現場直播的盤中解盤。

　　早年沒有股票電視台和網路資訊的年代，盤中要如何知道股市行情呢？這時只有中廣新聞網在播股市行情。「台泥 41 塊 6 毛、6 毛 5，亞泥 37 塊 4 毛 5、5 毛⋯」聽到最後一檔，已經過了 15 分鐘，你買的股票早就一陣兵荒馬

亂了。如果今天還用這種方法，念完一輪正好收盤。當年，女生長髮蓋住耳朵，就能用耳機聽，男生只好蹲在桌子底下，有一搭沒一搭的聽。

現在有電視有網路，方便多了。網路純粹提供即時訊息，比較簡單。但是，你總不能叫電視只播行情畫面吧？這時候，主持人就要一直講話，一下子要表達自己的看法，一下子要向連線來賓提問，只有進廣告的空檔，才可以喘口氣。主持人厲害，連線的理財專家和投顧老師也不含糊，推薦明牌加大盤分析，尤其後者更是一番兩瞪眼，一旦預測錯，立刻砸招牌。因此，他們對大盤都講得模稜兩可。有一次，有個知名老師居然說：「待會兒大盤有上漲的可能，但也不排除會下跌。」聽到這種話，你還要看下去嗎？

老實說，我只有在行情出現瞬間大波動時，才會趕快轉到這兩台，看看究竟發生了什麼大事。我不看的原因是怕受到老師推薦明牌的誘惑。一天下來，好歹十幾支，哪有那麼多錢通通買？買了 A，奇怪怎麼就是漲 B？終於決定買 C，居然一下子就漲停買不到了，乾脆眼不見為淨。後來，我專心買賣「台灣 50」（0050），也真的就不必看了。你會不會也有這種困擾？試試看，把電視關了，只上網，或許可以讓你思路更清晰。我每天還是會準時收看兩

次 57 和 58 台，一次是早上 7 點到 7 點半，了解昨天美股的變化和當天報紙重要財經新聞的摘要，另一次是晚上 7 點到 8 點的晚間新聞，了解當天發生的國內外財經大事。之後的談話節目，偶而看看罷了。為什麼？那麼多專家的看法，難道不值得參考嗎？

就算股市大跌，58 台也要為觀眾挖出「抗跌股」和「逆勢股」。他們當然也有提醒大家行情可能轉弱的風險，但這時候我們還是一定要買股票嗎？就不能空手嗎？只要大盤稍有回檔，主持人就露出非常擔心害怕的表情，真是「苦民所苦」，難道只能漲不能跌嗎？我也知道，偏多的媒體才有觀眾，但是也不要把投資人寵壞啊！該當頭棒喝，就該直言不諱。

反觀 57 台，不斷提醒觀眾風險：現在好危險喔，不要進場不要買；什麼時候能進場？再等等；等到所有訊號都明確，已經在高檔了，這時候再告訴你要「居安思危」啊！

相對來說，57 台談話節目的內容比較吸引我。雖然主持人的口氣有時感覺刺耳，但常常會讓我增長一些股票之外的知識，例如歐洲的歷史和人文，讓我們能跳脫習慣的美國觀點。不過，我大概是怪咖才會喜歡這些知識，大多數人還是希望不要離題，畢竟這是股票電視台。

　　我真希望有一天，能讓兩台固定的來賓來進行一場辯論，應該會是唇槍舌劍的一齣好戲。

　　一台讓你手癢好想買，一台叫你要小心，所以我乾脆不看了。既然還要自己做判斷，我想，簡簡單單遵守紀律進出就好了。不要一整天都看股票電視台，看一下「國家地理頻道」，看一下棒球，看一下電影吧！

新聞報導要認真看，名嘴解盤就輕鬆看吧！

# 37 這個泛股票化的社會

57 和 58 台的影響力是非常巨大的，大到後來觀眾都以為「財經」新聞就是「股票」新聞，其實，財經新聞應該包含財政、經濟、產業和金融各方面的新聞。但現在財政部長被麥克風堵到時，回答的問題 90% 以上都和股票有關，金管會主委好像也只管證券業務，銀行和保險似乎事不關己。只要股市持續上漲，經濟就好像有改善，若是股市持續低迷，經濟就永遠不景氣，難道「股市是經濟的櫥窗」這句話，要直接改成「股市就是經濟」嗎？

這是「媒體治國」的另一個明證。媒體只關心所有財經數據中最簡單的股價指數，所以指數高低就成為施政績效的指標。其實，政府的功能在健全股市、制定公平的遊戲規則，而不是在做多股市，但如今好像所有施政方針，都必須考慮到股市的影響，結果只追求短期的效果，沒有長遠的規劃，最終受到傷害的還是國家的經濟，屆時股市還會漲嗎？

股民成為民意的代表，這像話嗎？因為每到選舉，政府似乎得討好股民，才有選票，這時媒體又開始鼓吹「選舉行情」。大家開始相信，一旦股市下跌，執政黨就會失去

選票，因此認定政府一定會積極做多，就進場搶買股票。但是，我印象中，根本沒有選舉行情，反而是下跌居多；到後來我才驚覺，原來股市下跌對執政黨才有利：就是因為在野黨聲勢高漲，股市才會下跌，萬一在野黨真的獲勝，股市不就要崩盤了？所以，大家最後都會去投執政黨的票。「選舉行情」究竟是利多，還是利空？可能要重新思考了。至少，你不該相信政府此時一定會做多。

最可笑的是那些所謂的「防線」。大家相信，總統和每一任行政院院長上台那一天的指數，政府一定不會讓它跌破，因此就有「馬英九防線」和「江宜樺防線」。如果政府官員心裡整天掛念指數，我想這個國家肯定沒救了。

「選舉行情」和「某某防線」到底是媒體在炒作，還是理財專家的論點？已經不可考，但是奉勸各位，別再信以為真了。

國安基金成立的目的，原本是在因應發生非理性、非經濟因素的崩跌，結果現在只要跌個兩、三百點，股民就呼籲國安基金進場。而且更荒謬的是，還不准國安基金賣股票。奇怪？國安基金是來自人民的納稅錢，你不准國安基金賣，到頭來的虧損，你還不是有分？

4大基金裡面，有大家辛苦繳交的勞保費和未來可請領

的退休金，居然可以拿來做買賣股票這種風險性投資，真是非常不應該。若是虧損，政府說會負責到底，但是政府的錢都來自人民，最後還不是由人民買單。前陣子才說勞保會破產，結果還拿去買股票，不只績效有時比定存還差，甚至常被基金經理人坑殺，廣大人民情何以堪？

再談談兩岸服貿協議吧！理財專家和財經媒體都告訴大家，一旦沒有簽成，金融股就會跌，股市也會受影響。但是，這個協議犧牲非常多其他產業，真的是挽救台灣經濟的一帖良藥嗎？它的利弊得失必須透過理性的辯論，才能充分釐清。真的不要老拿最簡單的股價指數的影響，就論斷一個政策的優劣。套一句股市術語，說不定這是「短多長空」。

讓股市回到它正常的供需關係，讓政府好好規劃產業政策。經濟成長，股市自然就會上漲。不要因為股市上漲，就誤以為經濟好轉了。少談一點「股票」吧！

股市不等於經濟，
股民該要求政府「救經濟」，不是「救股市」。

# 38 電視節目的眞相

我的第一本書《只買一支股，勝過 18%》上市不久，開始接到很多媒體的採訪邀請，包括廣播、雜誌和電視。爲了促銷新書，作者當然有義務要配合行銷活動，所以我一律來者不拒。透過這些訪問，我可以與聽衆、讀者和觀衆，再次分享書中的重點，或是書中未能詳盡說明的部分內容。

在這些媒體中，電視的效果應該是最好的。因此，我格外期待有機會能上電視，把書中的理念做最完整的表達。

1 月中旬，有一家財經電視台的製作單位來電，希望我在隔週的某一天能到電視台錄影。當天來賓討論的主題，將以我新書的內容爲重點。

對於上電視節目，我可不是沒有經驗。當年還在承銷界工作時，我曾應邀到非凡電視台與其他同業共同討論「報備股票」的議題。「報備股票」就是現在「興櫃股票」的前身，不過制度推出後，採用的名稱就是後者了。

到了預計錄影的當天早上，一直沒有再接到製作單位的電話，我只好自己打電話過去確認下午錄影的時間。結果，製作單位告訴我，因爲近期股市表現低迷，所以希望

延後播出的時間。因此，當天我也就不必去電視台，等他下次通知再說了。

隔週的星期三晚上，女兒在客廳看電視，突然大叫：「爸爸上電視了！」我當時正在洗手間，心中一陣困惑：「我又沒去錄影？怎麼會在電視上看到我？」趕緊跑到客廳，這才恍然大悟，原來是幾個股市名嘴正在討論我的投資經歷和投資策略。

製作單位決定不請我現身說法，一來可能是擔心我初次參加電視錄影會緊張而表現不好，影響節目效果；二來或許是現場來賓對我書中關於「投顧老師」的說法並不認同，一旦同台，難免尷尬。

他們沿用了某篇雜誌專訪我時的稱謂——中年失業男，而且在片頭還用了「失業一樣財富自由啦！」做標題。仔細看完整段節目，大致忠實呈現了我的操作理念，但還是多少有些口誤之處。不過，我想一般觀眾在名嘴的舌粲蓮花中，應該是不容易察覺的。

或許節目內容看過就忘，但是「中年失業男」的稱謂，確實吸引人，所以我的新書銷售量在播出後，真的有明顯的成長。後來，我親自上了另一家財經電視台的節目，特別拜託主持人不要用相同的稱謂介紹我出場。節目播出後

雖然自認表現不錯，但新書銷售量並沒有得到再一次明顯的刺激。

當時正式錄影之前，製作單位準備了腳本給我和另一位來賓作參考。他們非常認真，把我書中的重點全部摘錄下來。後來，主持人與我對談時，我並沒有完全照著腳本走，既然都是書中寫過的內容，就臨場自由發揮了。

我在此要表達的是，所有來賓都是由製作單位供稿，只是透過名嘴生動活潑地表達，傳遞了製作單位的立場。因此，每一個談話節目的來賓都是固定的，A 台的班底幾乎不會出現在 B 台，政論節目如此，財經節目也一樣。

後來，有些節目希望我以「理財專家」的身分參加錄影，但談的題目不一定是我熟悉的範圍，特別是選股和選基金，所以都被我婉拒了。因為我真的不是專家，只是一個願意分享投資樂趣的一般人而已。

 電視節目「效果」最重要，只要吸引人，就有影響力。

# 39 真是難為了受訪人

2013 年 10 月，「台灣 50」（0050）除息前幾天，某財經電視台記者來電，希望隔天來採訪我，談的主題是：「今年是否該參加『台灣 50』的除息？」

我一聽到這題目，直覺是應該告訴觀眾，當年或許不該參加除息。但是，能這樣回答嗎？

當年「台灣 50」的股息為每股配發 1.35 元，與當時 58~59 元的股價相比，股息殖利率大約 2.3%，不算高。因為很多公司在當年配發現金變少，「台灣 50」受此影響，當然能配給基金持有人的股息也變少。更何況在除息前的一個月內，日 K 值沒有低於 40 過，甚至幾乎都在 60 到 80 之間，並不是合適進場的時間。

當時我的持股，確實也在偏低的部位。如果回答「不該參加除息」，萬一真有一點影響力，造成該股的賣壓，甚至影響大盤上漲的力道，那就會被人扣上「意圖影響行情」的罪名，難保金管會不會來究責；如果回答「應該參加除息」，我預期填息時間恐怕會拉長。因為大盤當時剛創當年新高，回檔機率很大，「台灣 50」此時的填息之路，一定會受影響。雖然我當時還是相信它總有一天會填息，

但在這段時間裡，恐怕輿論不會站在我這邊。

　　莎士比亞經典劇《哈姆雷特》的名句：To Be or Not to Be，就是此時最佳寫照。我又不想在鏡頭前支吾其詞，講得模稜兩可，只好在電話這頭婉拒了。我很慶幸自己還不是公衆人物，否則在公開場合，麥可風直接堵上來，我逃也逃不掉。這時，我終於能體會很多政府官員和企業老闆受訪時的心情了。

　　他們不管走到哪裡，都會被記者團團圍住。經建會主委管中閔有次被問到，對於「有人因經濟不佳和政爭因素自殺」有何感想？他可能是真的被問煩了，回答的方式有些傲慢，但態度其實是很狼狽的。

　　就財經議題來說，他們最常被問到的題目就是：「股市上看幾點？」以及「台灣的GDP能不能保3？保2？或保1？」坦白說，這兩個問題都只能用比較樂觀的答案來回覆。

　　這類問題，誰敢看衰？如果政府官員答得保守，似乎就代表他的能力不足，因此股市才上不了高點、GDP成長率連低點都保不住；企業老闆如果面露難色，以後去向政府官員請願時，恐怕也得不到他們的好臉色。

　　記者小姐先生們，這種題目不是三言兩語就能夠清楚回

答的啊！縱然他們講了很多，或許有假設的前提，或許有不同的狀況，但新聞時間有限，各位最終可能就是只把最簡單的答案播給觀眾看。

當然啦，你會說，觀眾就是只要一個明確的答案啊！但財經電視台不是綜藝台，理該提供更多知識和資訊，或許多給受訪者充分表達的機會，以及完整播出的時間，試著改變觀眾的習慣。同時，也讓政府官員和企業老闆不能再隨便用兩句話來敷衍大家。

媒體大多報喜不報憂，因此觀眾應該要有一個認知：陳述事實的新聞，比訪問專家的談話重要多了。

如果媒體現狀不能改善，或許政府官員和企業老闆可以去向理財專家「請益」，因為碰到類似問題，理財專家真是講得頭頭是道，但卻有多有空，面面俱到。這是我應該學習的地方。等有了這身功夫，我以後就不會再婉拒受訪了。

財經問題不是選擇題或是非題，而是申論題。

# 40 經典廢話大集合

台股大部分時間的變動都不會太戲劇化，所以媒體記者、主持人，還有來賓多少都會有詞窮的時候，因此許多話就會一而再，再而三的出現。我在此要舉 5 句最經典的廢話與大家分享。

什麼是「廢話」？就是用在任何狀況，都不會錯的一句話。但是，說了也是白說。

## 1.區間整理，個股表現

這是最不負責任的廢話。你賠錢，是因為你選錯了股票，不是因為理財專家的話不對。台股一年交易 250 天，他研判行情是「區間整理」，大概會對 200 天。那麼，要選什麼股票呢？

如果是在新聞節目中受訪，反正時間不多，講完這句廢話，就可以安全脫身。如果是在談話節目中發言，就一次講好幾支，因為要全錯的機會不高，所以總會對一兩支。結果，你還是賠錢，因為你就是買到他說錯的那一支。反正你也沒機會跟他抱怨，就算有，他也會說，你為什麼不買另一支會賺的？

## 2. 注意風險，多元配置

這是最敷衍了事的廢話。播報新聞中，記者若提出任何自己的看法，最後為了安全起見，一定會加上這一句。但是，要做哪些配置呢？因為沒有理財專家的訪問接在後面，所以也就含混過去了。

這句話超像香菸盒上的警語：「吸菸有害健康」。反正他提醒你風險了，你還是不做多元配置，最後虧錢，就是你自己的問題了。

## 3. 未來走勢還須觀察和確認

這是最沒有內容的廢話，因為它完全沒給你答案。

我曾服務過的一家證券公司總經理對我說過，記者每次問他隔天會漲會跌，他看今天漲，就說明天也會漲，如果今天跌，他就說明天會跌，因為連續兩天走勢相同的機率大概有六、七成。他還補充，就算說錯，隔天也不會有人記得，即使記得，也不會有人追究。

他比任何理財專家都老實，因為至少他給了明確的答案。有一個名嘴說得最絕：「未來行情很有機會上漲，但也不排除下跌的可能。」他居然能臉不紅氣不喘，真是讓我佩服不已。

4.「回檔應該不深」三部曲

這是害人的廢話。這句話通常出現在快要跌破 5 日線的時候。因為在多頭市場，5 日線不會輕易跌破，所以講這句話，安全性很高。但是，多頭總有結束的一天，再講這句話，就會害人了。不過，媒體偏多的特性，恐怕也沒人敢做烏鴉。

然後，有一天真的跌破了，一路殺低，快來到季線附近了，專家就會安慰大家：「再跌也有限，小心不要賣在最低點。」季線確實常有強勁支撐，但為什麼不在跌破 5 日線時，就叫大家逃命呢？

萬一又繼續跌，就會出現最後一句話：「跌深就是最大的利多。」用在大盤，沒錯，用在個股，你就是那隻「被溫水一直煮」的青蛙，就要成「三杯蛙肉」了，你還不知道呢！

5.「逢低買進」

這是最考驗人性的廢話。因為這是老生常談，金科玉律，哪個投資人不會說這句話？但是，有幾個人真的能做到？

大家很少逢低買進，都是奮勇追高。真正來到低點，大

家都不敢買，加上專家到此時還在說「逢低買進」，因此誤以為一定還有更低點，現在就買，太早了。結果，低點錯過了，只好繼續追高。

　　沒有人這麼厲害，抓得到最低點，就算你是專家，你也不敢這麼武斷。我的看法則是，看到日 K 來到 20，就可以酌量進場；有幸看到 10 以下，就要義無反顧，別聽專家那套「逢低買進」的說法了。不過，再強調一次，這個做法適用大盤，但不一定適合個股。

 沒有具體建議的專家意見，都是空洞的廢話。

# 41 雜誌的置入性行銷

雜誌的時效性，不論週刊還是月刊，都遠遠比不上報紙和電視，所以它必須著重深入報導。不過，週刊又比月刊的時效性高一些，所以兩者也出現一些區隔，前者以報導個股為主，後者以介紹投資方法和理財成功的故事為主。

我非常佩服理財性週刊的編輯，就算這個禮拜根本沒有發生什麼大事，他們每週還是要寫出那麼多的內容。因此，當有公司邀請他們去參訪時，他們一定欣然前往。

台灣股市上市上櫃公司加起來，大約有 1400 家，除了一些耳熟能詳的股票，投資人恐怕有六、七成都沒聽過，更遑論知道公司的產品是什麼？公司的競爭優勢又在哪裡？這時候，雜誌扮演了重要的溝通角色。

你可能會說，這種報導和許多好萊塢電影或是國內電視本土劇近期慣用的「置入性行銷」有什麼差別？

本質其實是差不多的。但是，如果非要理財性雜誌迴避這種嫌疑，又對這些長期被媒體忽略的中小企業極不公平。和機構法人相較，散戶一直居於「資訊不對稱」的劣勢，因為一般公司對想要前來參觀，或是來電詢問的一般投資人並不友善。因此，雜誌對個別公司的報導，成了一

般投資人取得資訊的唯一管道。

什麼公司最迫切需要這種報導呢？當然就是即將掛牌的股市新兵。不是所有的公司都像王品（2727）、誠品（2926）那麼有知名度，因此除了主管機關要求辦理的公告事項與法人說明會外，大部分的公司一定都希望盡可能在媒體上曝光，讓投資人能夠對他們有所了解。我不相信有公司掛牌之後，會希望成為冷凍股，如果無人問津，其實就喪失了上市上櫃可以流通變現的好處。

雜誌因為可以容納的篇幅較大，而且至少有一個禮拜的賞味期，所以儘管它的涵蓋面不及報紙和電視，但其效果卻比後兩者更大。

只是，很多投資人都會把這種專訪與報導，誤以為是「明牌」。當大多數人都這樣相信的時候，自然就產生了股市明牌的「效果」。

雜誌為了促銷，有時也刻意搭這種順風車。有一次，我看到一本包膜的理財性週刊封面上，特別標明本期專訪某某董事長。我很納悶，一般作法應該會在董事長大名之前，冠上某某公司才對，為什麼編輯不這麼做呢？問了某雜誌高層後，我才茅塞頓開。因為在封面就標出是哪家公司的話，很多人就不會買這本雜誌了。誰想知道董事長說

什麼，只要知道哪支股票是這一期的明牌就好了。

　　雜誌記者應邀前去採訪，公司當然會盡可能呈現有利報導的一面，這是人之常情。記者回來之後，大概也很難寫成一篇負面的報導，這也是人之常情。如果文章充滿質疑的口吻，甚至提醒投資人不該買進該公司的股票，鐵定過不了總編輯這關，因為大不了擱置不登，登出來說不定還會被告。

　　因此，看這些報導，一來不可以直接當明牌，二來自己也要找它的財務報表來看，才能真正了解該公司的產業地位和未來發展。

　　我們該反向思考，其實也有很多公司是雜誌從來不作專題報導的，一種是資訊透明度非常高的，一種是完全不透明的。如果你只買前者，是不是就不必費心分辨「雜誌報導」和「明牌」的關連性了？

不管是不是置入性行銷，最終的決定權還是在你。

# 42 如何閱讀理財書籍？

理財書籍一直是書市中非常暢銷的類別，以我一個素人所寫的第一本書，也能輕鬆破 2 萬，真是我始料未及。說穿了，一本書才幾百塊，只要學會一招半式，買一張股票就賺回來了，天底下哪有這麼好康的事？

但是，看過理財書的讀者，真的都有賺到錢嗎？恐怕不盡然。如果來做一次市場調查，萬一賠錢的百分比竟是 8 成以上，到時理財書籍的市場可能會崩盤。

當然，看書絕對可以增長知識，沒有一本書會害你賠錢，只是你不能那麼現實，以為「看了書」就等於「會賺錢」。那麼，該如何閱讀理財書籍呢？我就從各種類型來為大家一一分析，希望光是這一篇短文，就值得你買這本書。

## 1. 基本功夫類

這些書就是教你怎麼看財務報表，怎麼做技術分析。先說前者吧！我本身是商學科系畢業，財務報表可是要上好幾個學期，看好多本教科書才能大致搞懂，哪裡是幾百頁的書可以講清楚的？當然，一般投資人不一定需要非常精通，能從幾個最重要的財務指標，分辨公司經營能力的優

劣就好了。但要如何分辨？恐怕你還要再買一本教你「如何選股」的書了，否則「看懂財務報表」不等於「會挑股票」。

再說後者。技術分析的書是需要花很大精力去看的，因為可以歸納出來的線型就不下數十種，你若能完全融會貫通，就可以上台當老師了。技術分析研究得再透徹，但碰到業績持續衰退的公司股票，根本就是「秀才遇到兵」。我一直強調，技術分析只有用在大盤才有效，用在個股絕對有盲點。你要玩期貨，一定要學技術分析；若不玩，知道 K 小於 20 買進，大於 80 賣出就好了。

## 2. 實務操作類

這些就是前面那一類的進階版。你有了基本功夫，還要懂得運用。坊間有很多教你選股的書，它們會教你用哪些指標來選股，奇怪的是，大部分還是那些耳熟能詳的股票。股市是最有效率的市場，它不用做民意調查，你就知道哪些是好股。這些書可以讓你更放心去投資這些好股票。

## 3. 觀念加強類

我最推薦的是這一類的理財書。大家都知道，「做對的事」比「把事情做對」更重要。你的技巧再熟練，但觀念不正確，都是枉然。這種書可能賣得比較不好，因為大家

都認為它們沒有「立竿見影」的效果，而且還嫌它老生常談，了無新意。其實不然，觀念正確可以讓你「十拿九穩八勝算」，長期來看，你的贏面一定比較大。

## 4. 理財英雄類

這類書現在最紅，而且書名都很聳動。有人在股市賺到9位數，有人從5位數的積蓄變成8位數，有人短短5年就累積千萬家產，真是太吸引人了。但是，大家不要忘記，曾經有一位期貨天王，當時也是媒體寵兒，最後一戰失利，就此消聲匿跡。我絕不懷疑這些理財英雄曾有過輝煌戰績，但是他們的背景可能和你完全不同，特別是人格特質和當時的市場環境，都讓讀者很難去複製。還有，他們成功的方式可以永遠有效嗎？那一套方法在當時的時空環境下有效，換到現在的市場狀況，不一定還有效。舉個例子來說，只要敢在金融海嘯最低點3955買進，你一定會成為人人稱羨的理財英雄，但日後還會回到那個低點嗎？不會的話，就很難「時勢造英雄」了。

## 5. 國外翻譯類

看看「大多頭」巴菲特和「大空頭」柯斯托蘭尼的傳記就好了，其他真的很難完全應用在國內股市。坊間甚至有一本書教讀者如何選銀行，在台灣需要選嗎？反正放在台

銀或三商銀就高枕無憂了。還有，國外有非常多的金融商品在台灣是看不到的，就算讀了也用不上。

我有一些旅居國外的朋友，也看了我的第一本書。他們都會問我，國外的 ETF 也能這樣操作嗎？我沒辦法回答，因為每個國家的交易規則不同，很難移植。因此，如果你想投資美國股市，再去看國外翻譯的理財書吧！

 看書一定會「增加知識」，但不等於「會賺錢」。

# 43 巴菲特真的是股神嗎？

最後，讓我來談談媒體寵兒巴菲特。大家都知道，全球首富是比爾‧蓋茲，第二名就是華倫‧巴菲特。我們習慣在他的名字前面冠上「股神」的封號。能夠靠股票投資就成為世界上第二有錢的人，當然有資格得到這個封號，但是他其實沒有「太神奇」的招數。

巴菲特的核心持股，如可口可樂、卡夫食品、富國銀行，怎麼看都不像是獨特眼光下的選股，好像任何市井小民都會做的選擇。就像是你說你買了台塑和台積電，沒有人會有興趣繼續聽下去的。

台股中的大飲（1213），也和可口可樂一樣賣碳酸飲料，宏亞（1236）也和卡夫食品一樣賣餅乾，你會買嗎？巴菲特也買鐵路股和電力股，在台股中並不多見，且都是投資人很少注意的冷門股。

我常懷疑，他每年開放一個名額，讓大家競標和他共進午餐的機會，到底能得到什麼驚人的武功祕笈？或許那塊牛排比他的股市哲學要實際多了。

他最重要的理念就是：「找一塊很長的山坡，這樣雪球滾下去時，才會越滾越大。」也就是說，企業歷史和產品

生命週期都要夠長，才有取之不盡的股利。巴菲特也是「不交易」哲學的奉行者，因此選股自然會有前述這種特性。

但是，台股中歷史夠久的，很多都只剩「資產」的題材，本業早就今非昔比了，大同（2371）就是典型的例子。巴菲特這種年紀，若是台灣人，看到大同電鍋如此耐用，恐怕當初也會持有大同吧！不過，他大概就不會被稱為「股神」了。

他被人稱為「股神」之後，就成為很多人巴結爭取的對象。因為只要巴菲特投資某家公司，它的股票就好像得到了巴爺爺的背書保證了。讓郭台銘最生氣的大陸企業比亞迪，就是因為讓巴菲特投資部分的股權而受到投資人的矚目，結果郭台銘把巴菲特也一併罵了進去。

巴菲特說他不懂的東西，他就不會投資，因此他幾乎不曾買過台灣股民最愛的電子股。我曾幻想，如果他買台積電，哇！巴菲特加張忠謀，真是超夢幻組合，保證股價一飛衝天。可惜，他不懂晶圓代工，奈米又細到他根本看不見，因此這件事很難成真。

他的投資哲學當然有啟發性，但是他的投資方法在台股中，恐怕很難複製。說穿了不稀奇，就是買產業龍頭股，

然後能抱多久就抱多久。

　　美國巴菲特一路走來，始終如一，但「台灣巴菲特」許慶祥則不然。此君就是藝人小 S 的公公，一個台東小醫師因投資致富，而成為台北「帝寶」豪宅的主人。他之前的投資標的，除了讓他賺最多的鴻海（2317）之外，真的和本尊巴菲特非常類似，不枉他台版的稱號。

　　但是，他被稱為「神」之後，就以為不管怎麼做都是對的了。他介入基因國際（6130）的股權，姑不論其是否觸犯「內線交易」的罪責，基因國際根本就是一個不該投資的標的。他繼續買產業龍頭股，就已經好幾輩子不愁吃穿了，何必淌渾水，把自己搞得一身腥？

　　如果你從美國巴菲特身上學不到具體的方法，但至少可以在「台灣巴菲特」身上得到警惕。你或許沒有資格進行內線交易，但也不該去買那些顯然是被炒作的投機股。

巴菲特的持股不稀奇，
稀奇的是，這樣就能成為「股神」。

# 第四單元 9 多元投資篇

# 44 資產配置其實是神話

「資產配置」是有錢人才有資格討論的議題。如果你沒有 1000 萬的資產，別想在大台北地區買房子；一旦買了房子之後，那就根本沒有餘裕再去談其他資產要如何分配了。這是「有多少錢才能做多少事」的課題，因此我在這裡要談的是「優先順序」，而不是「資產配置」。

除非你是富二代，或是祖先留下大筆土地，你把它變賣後成爲田僑仔之外，找一份收入穩定的工作，然後認眞存錢，你才能開始談這個課題。在這個辛苦存錢的階段，你一定要「犧牲享受，享受犧牲」，擠出一點錢來做投資。投資什麼呢？沒別的撇步，最容易進入的門檻，非「股票」莫屬。

投資什麼股票呢？千萬不要妄想一夕致富，玩以小搏大的高槓桿遊戲，也不要自以爲有獨特眼光能夠相中潛力股，更不要相信到處聽來的明牌，安安分分買產業龍頭股，或是和指數連動性高的基金，才是正途。你好不容易存下來的錢，要盡量遠離風險。當然，這些股價都至少幾十塊，買一張就要好幾萬，甚至 10 萬以上，但是誰要你急急忙忙進場呢？一來沒有存 20 萬以上，就別碰任何投資；二

來等大盤技術指標落底再進場不遲，例如日 K 值跌落 20
以下，再決定進場時機吧！

如果你成家了，而且也從股市賺到一些錢之後，我建議
你要優先買「保險」。但是，請讓保單只做「保險」的事，
別期待「買一送一，加倍奉還」，妄想還有「投資」的收
益。因為投資型保險還是要你自己決定投資的標的，跟你
自己挑基金、挑股票差異不大；而儲蓄險的投資報酬率，
依然很難打敗通貨膨脹率，那麼保險就只管「保障」吧！
要「投資」獲利，還是去找別的理財工具吧！

再來，我強烈建議要去買房子來自住。不要以為租房子
可以省下買房的頭期款，加上房租比每個月要繳的房貸本
息低，就可以把錢挪出來繼續投資賺錢。請問，你能保證
每年投資都能賺錢嗎？只要有一年遭逢類似金融海嘯的事
件，你就很難再翻身。1990 年台股自歷史高點 12682 跌
到 2485 點才止跌，我就是因為去買房子，方能躲過股災。
之前有篇短文〈把投資賺來的錢拿去花掉〉，就是告訴你
「把它花掉」才是「真正賺到」，「買房地產」就是最快
花掉，又最能保值的方法。

大家之所以要做「資產配置」，就是要多元布局，規避
風險，因為那句老話已經完全深植在我們腦海中：「不要

把所有的雞蛋放在同一個籃子裡。」但是，有了保險、股票和房地產這三顆不會被打破的「滷蛋」，你還有什麼好擔心的？股票或許是波動性最大的，但它也是變現性最高的，而且如果你買的都是績優股，或是和指數連動性高的基金，應該已經將它的風險性降到相對低檔了。

定存呢？債券呢？算了吧！它的報酬率在扣掉通貨膨脹率之後，都是負的。黃金呢？美國量化寬鬆（QE）政策炒高黃金價格後，投機性早就超過保值功能。外匯呢？只要小心投資外幣計價的金融商品時，別被匯差吃掉辛苦賺來的利息或收益就好了。如果你真能從外匯賺到很多錢，你一定不需要看這本書的。

東北有三寶：人蔘、貂皮、烏拉草。台灣有三寶：健保、勞保、399 吃到飽。資產呢？

 資產也有三寶：保險、股票、房地產。

# 45 追求夢想，不要追求享受

投資理財，當然要有一個目標。你是要完成一個「一生」的「夢想」？還是要擁有「每天」的「享受」？一生的夢想，花費一定高，投資理財報酬率的目標就要訂得高，屆時只好追求高風險的投資標的。每天的享受，花費相對低，目標就可以訂得低，也比較容易達成。這是你把它看成兩個問題，所得到的合理答案。但是，如果你把它看成一個問題，就不是如此了。

如果你願意犧牲「每天的享受」，就容易完成「一生的夢想」，屆時目標毋需太高，追求穩健獲利即可。每個人的夢想不同，無法在此討論，但生活上的享受，則比較能在共同的認知下來進行探討。

要減少消費支出，當然從金額最大的開始著手。第一個要砍的就是汽車。你會說你的夢想就是擁有一輛法拉利，那你就不要先買一輛幾十萬的「代步車」嘛！開車當然有它無敵的便利性，想去哪就去哪，而且免受日晒颱風淋雨之苦，但是你如果願意犧牲，不是一下子就省下幾十萬，讓夢想的距離縮短很多，讓理財的壓力瞬間降低很多嗎？

騎機車，騎腳踏車，在大太陽下，或滂沱大雨中，會非

167

常狼狽，但一年會碰到幾天呢？其實不常碰到嘛！如果你住在台北、高雄，捷運如此方便，連日晒雨淋都可以說拜拜了。

不只買車的錢，油價也漲多跌少，都會區停車位一個月好歹也要幾千元，加上三不五時違規一下，都讓你離夢想越來越遠。原來你圖的「方便性」只會偶而出現，但卻要付出很大的代價。

第二，不要再看與時尚有關的雜誌、書籍和電視節目。以前的演藝人員不是歌星，就是演員，都要有兩把刷子才能上節目。但是，現在又跑出了「名模」、「社交名媛」，甚至「通告藝人」這種頭銜。這些人沒什麼才藝，所以只能到處跑趴，或是上電視聊行頭，讓廣大女性趨之若鶩。

我當然知道，女為悅己者容，但有必要如此豪奢炫富嗎？人家可能是富家千金，也可能有通告費、出席費可賺，你只是上班族，有必要跟著起舞嗎？如果你的夢想是買個柏金包，那其他的通通省了吧！

第三，不要常去知名美食餐廳用餐，也不要常去住「貴松松」的民宿。營養和風景，其實是不需要額外付費的。這些消費當然比不上汽車和奢侈品，但是日積月累也是很可觀。

我非常不喜歡看年輕朋友在 Facebook 貼那些美食和民宿照片，但他們會說，反正買不起房子，就對自己好一點吧！這是藉口，你把前面這 3 項省下來，只要你有正當職業，保證買得起幾「百萬」的房子——我可沒有跟你談「豪宅」喔！

3 個最大宗的花費搞定後，就要從平常的生活習慣著手了。首先，把所有「集點卡」都丟了吧！集 10 點換一份餐，集 10 點換一個玩偶，你免不了會為了這個目標，產生無謂的消費。推出集點卡的業者，絕不是平價的商家。你會說，便利商店也推集點啊！但便利商店的價錢比量販超市貴多了，怎麼會是平價呢？

「集點」是「一個人」獨立完成的大宗採購，「團購」則是「集眾人之力」完成的大宗採購，後者當然優於前者，但是你被揪團時，真的是為了「需要」？還只是因為「便宜」？如果是後者，就請忍忍吧！網路上的人氣美食，大部分不是正餐所需，偶一為之就好了，千萬不要去蒐集這些美食經驗。

除非半夜，不要去便利商店買民生必需品，「便利」是要付出代價的。除非真有需要，也不要到量販店買整箱。買整箱，平均單價當然比買一個便宜，但你買了過量，其

實比買一個還要貴。你想想，店家不用拆箱，人力成本當然低，就可以把這部分回饋給消費者。

　　要注意的生活細節太多了，可以寫一整本書，我就不一一提出了。反正，「每天的享受」不外乎「便利」和「炫耀」，消費前想想你「一生的夢想」，或許你就可以犧牲這些享受了。千萬別小看「積少成多」的力量，也別忽視「省錢」其實是理財的第一步。

犧牲每天的享受，努力追求一生的夢想。

# 46 別奢望有保本的商品

這個標題，我不是用「保本的投資」，而是用「保本的商品」，因為定存族可能從來都沒有把「定存」當做「投資」。

定存族最重視的是「保本」。以往定存利率還有 5% 以上，甚至更高時，除了保本，還有不錯的報酬。但是，現在不到 1.5%，真的只能保本，談不上有什麼賺頭了。

「保本」保的是本金。你把 100 萬存在台銀，20 年後，這 100 萬一定還在，看起來確實保住了本金。但是，屆時你能買到的東西，一定少於現在的 100 萬。這就是經濟發展伴隨的「通貨膨脹」，請問有保住你的本金嗎？

你會反駁我，每年還是有大約 1 萬 5 千元的利息啊！但是，就算你用政府估計的通貨膨脹率，也還有將近 2%，等於你年初有一個 100 萬的購買計畫，年底你就得用 102 萬才買得到，結果你只有 101 萬 5 千元，還要從抽屜再拿 5000 元才夠。請問，這不是「貼本」了嗎？

如果連最保守的定存都不保本，為什麼還要奢望有保本的商品？當初理財專員在銷售雷曼連動債時，就是用「保本」做訴求。號稱除了和定存一樣保本，利息又比定存高，

結果買雷曼連動債的人，虧的比買股票的人還多。這些人對投資收益的期望，遠低於股票族，卻傷得更重。

我的學長張彼得的暢銷書《我的錢怎麼不見啦？》裡面有一篇文章〈多一點的最危險〉，就是在講這個道理。定存族只是想多賺一點點，以為自己要的不多，風險也不會高，事後證明是大錯特錯。期望有高報酬的人，反而會有風險意識，但是定存族從來不敢涉足「投資」，反而不知「風險」為何物。

如果定存都不足以保本，債券、黃金、保險、房地產呢？

不論是政府公債，還是公司債，只要利率低於通貨膨脹率，就和定存一樣，毫無保本的功能。政府有政治風險，企業也有經營的風險，真的別花腦筋去研究債券了。央行總裁彭淮南在接受立委質詢時，也坦言就算美國因舉債上限未能通過調高，導致美國公債違約，他也不知道還有什麼商品會比美國公債安全。

美國公債應該不至於違約，大家都笑說，到時候美國印鈔票還債就好了，沒有人敢吭一聲。如果連美國公債都不保本了，真的不必期望這個世界會有保本的東西。

黃金因為有其開採成本當下限，原本應該有保本的功能，因此中國和印度兩個人口大國在傳統上，都將黃金做

為保值的工具。但是，美國幾輪寬鬆貨幣（QE）的政策執行下來，狂印鈔票，大家對美金逐漸失去信心，導致黃金價格一度狂飆，從此價格起伏如雲霄飛車，越來越像股市行情。如此劇烈波動，加上如果又是高檔購入，如何還能保本？

保險要保本，只有在你離開人世才會實現。很多保險業務員告訴你，投保是強迫你儲蓄，其實他們少講了幾個字：是強迫你幫「家人」儲蓄。儲蓄險滿期時，雖可全數領回，看似保本，但報酬率還是遠低於幾年累計下來的通貨膨脹率。保險是必要的，但是不該把它當「投資」。

房地產相對以上商品，在我認為，反倒更具保本性質，特別是大台北地區的物件。除非又來一次 SARS，否則頂多只是持平，幾乎不會跌價。但如果你在 SARS 期間買房子，或是在金融海嘯低點 3955 進場買績優股，也就是說，只要你敢危機入市，房地產和股票肯定比定存還保本。很弔詭吧！

不期望保本，才能重視可能伴隨的風險。

# 47 買房子？還是租房子？

這是一個非常適合辯論的題目。雙方都有很多的論點，可以來支持各自的主張，但眞正的關鍵卻在於針對「投資報酬率」的假設。贊成「買房子」的人，「保守」看待投資報酬率；贊成「租房子」的人，則「樂觀」看待投資報酬率。我在此先表明我的立場：一定要買房子！

我有一個 30 歲的年輕朋友，在一家上市公司上班，認眞工作，省吃儉用。幾年後，存了 250 萬元。他最近在新北市買了一間 700 萬元的舊公寓，約 30 幾坪。誰說現在的年輕人一定買不起房子？總價並不高，坪數不算小，非常適合成家立業。

他和銀行辦了 500 萬元的貸款，因爲符合「青年購屋貸款」的條件，因此享有很優惠的超低利率。還款期限 20 年，前兩年每月本利攤還 2.5 萬元。

自備款的部分，他花了 200 萬元，剩下的 50 萬元還可以買賣股票。同時，每月薪水扣除本利攤還的金額後，也還不至於無法生活。

同時，他也不排斥未來房價上漲時，可能會賣掉，屆時還有一筆可觀的投資收益，來作爲換屋的基金。眞是「進

可攻，退可守」的兩全其美之計。

　　假設某甲也有 250 萬元的存款，工作同樣穩定，但他不想買房子，只想租房子。原屋主未賣給我這個年輕朋友之前，每月租給別人正好也是 2.5 萬元。因此，某甲必須靠這 250 萬元投資獲利，才能支應每月房租。

　　這時，他的每年投資報酬率必須是 12%（250 萬元 ×12%÷12 月＝ 25000 元）。如果他不是每天都投資 250 萬元，他的投資報酬率還得要更高。假設全年換算下來，平均每日投資金額只有 120 萬元，投資報酬率就要提高到 25%（120 萬元 ×25%÷12 月＝ 25000 元）。如果沒有達成這個投資報酬率，某甲就要動用薪水的一部分來支應房租了。

　　你會反駁我，某甲沒必要住這麼大的房子啊！但是，只有在相同假設下，才能作比較，否則這個爭論永遠不會有交集。

　　提醒你，我這個年輕朋友還有 50 萬可以作投資。假設投資報酬率和某甲一樣是 12%，他每個月還可以有 5000 元（50 萬元 ×12%÷12 月＝ 5000 元）來貼補須支付的銀行利息。

　　我還有一個年紀稍長，已經退休的朋友，在 10 年前，

當台北市房價剛剛起漲時，他認為機不可失，就把自用住宅賣掉，改租屋來住，然後拿賣屋所得的 1000 萬元，加上原有積蓄 500 萬元，共 1500 萬元來做股票投資，期望可以經過靈活的操作，賺到更多的錢。如果他要負擔同樣 2.5 萬元的房租，投資報酬率只要 2%（1500 萬元 ×2%÷12 月＝ 25000 元）。

但是，他還要靠這筆錢來賺他們夫婦倆的生活費啊！假設每個月要 5 萬元，他的投資報酬率還要增加 4%（1500 萬元 ×4%÷12 月＝ 50000 元），所以總投資報酬率就要 6% 了。這時，房租加生活費，一個月就要 75000 元。

同樣，他也不可能每天都投資 1500 萬元，假設全年換算下來，平均每日投資金額只有 600 萬元，投資報酬率就要提高到 15%（600 萬元 ×15%÷12 月＝ 75000 元）了。

不只這個投資報酬率的難度很高，而且現在再怎麼賺，也買不到同坪數、同地段的房子了。

要買真正的房子，不要抱一堆股票變「套房」。

# 48 定時定額是最好的方法嗎？

就「懶人理財」來說，定時定額是最好的方法。但這只有「懶惰」的特質，但不是「聰明」的方法。

定時定額牽涉到 3 個面向：「時間」、「金額」和「標的」。在固定的時間，用固定的金額，買一檔基金。

「定時」就是自己規定每個月幾號扣款。這一天或許是發薪日，或許是每個月 10 日、25 日，但一定和股市行情無關。因為很早就設定扣款日，怎麼知道屆時會發生什麼事？有時扣在低點，有時扣在高點，一切就聽天由命了。

你真的不該這麼懶。只要睡前查一下當天大盤的日 KD 值，就會知道目前大盤是處在相對高點，還是相對低點。如果每個月能夠在日 K 值來到 20 附近的低檔區再進場，不就都可以買在每個月的相對低點了嗎？如果這個月都沒來到 20 附近，就認命在這個月的最後一天進場吧！

這時，你一定會說，每個月不定期去申購一次基金，太麻煩了吧！沒錯，但為什麼一定是要去買基金呢？也可以買股票啊！這個問題，我最後再來談。

「定額」就是自己規定每個月扣多少錢。這個金額其實類似強迫自己儲蓄，只是用「存基金」來代替「存錢」，

當然，現在投信公司也有推出「不定額」的扣款服務，就比較聰明一點了。

台股這麼多年來，大致不脫 6000 點到 9000 點之間的大箱型整理。假設你原來每個月扣 5000 元，只要在以上的區間內，就維持原來的做法。如果跌到 6000 點以下，每個月就開始扣兩個單位，也就是扣 1 萬元；如果超過 9000 點，可以不扣，甚至更積極一點，乾脆獲利了結一些。

同樣的問題，為什麼一定是要去買基金呢？也可以買股票啊！選定一檔績優股，「定額」的「金額」就變成是一張股票。如果太貴了，就把它換算成零股。但是，這檔績優股最好和大盤連動性很強，免得賺了指數，賠了股價。

最後，就來探討定時定額的「標的」。一般習慣是用來買基金。這裡，我只談股票型基金，不談債券型基金，因為後者報酬率太低了，沒必要定時定額。就算股票型基金，也分兩大類：一是主動式基金，一是被動式基金。

主動式基金完全看基金經理人的操盤能力，如果很好，當然一直扣下去，如果不好，當然要趕快換基金，但之前買的，怎麼辦呢？或是原來很好，最近卻不行了，是要繼續扣？還是趕快換？這種情形常常會有，屆時還能把「定時定額」看成「懶人理財術」嗎？

唯有去買被動式基金，也就是 ETF（指數型基金），完全和大盤連動，才能真正享受到「懶人理財術」的便利性。

此外，要買國內基金？還是國外基金呢？你可能認為，國外基金經理人的專業能力更好，且因為規模很大，比較不會被個人操守所左右，但是他們操作的市場資訊非常不容易掌握，加上匯率風險，小心匯損就可能讓你由賺錢變賠錢，其實不一定比國內基金更穩健。

我始終認為，選基金比選股票要難，因為基金投資績效的波動性遠高於企業的財務報表。因此，為什麼不能把定時定額的作法從「基金」改成「績優股」呢？這樣一來，更容易作到「不定時」和「不定額」，讓「懶人理財術」變得更「聰明」。

把「定時定額」改成更聰明的「及時」和「適額」吧！

# 49 你有玩期貨的基因嗎？

如果你完全不懂期貨和選擇權，請你直接跳過這一篇。我在這裡，不是要教你怎麼玩，而是要教你小心玩。

股票致富的傳奇有兩種：一是選對好股抱牢它，一是靈活進出期貨賺差價，而後者更容易成爲被歌頌的傳奇。不過，你要有特別的基因，才可能成爲下一個期貨英雄。

## 1. 你的時間要夠多

大台指漲跌 1 點，就是 200 元，一天上下 100 點，一口來回相差 2 萬元，10 口 20 萬元，100 口 200 萬元，這可不是鬧著玩的。你沒辦法在盤中盯著看，不只沒賺到錢，可能還會賠大錢。如果來個劇烈震盪，害你的保證金瀕臨斷頭，你還得趕緊轉帳來補足，否則只有眼睜睜看著期貨商幫你平倉認賠。上班族一下子要開會，一下子要外出拜訪客戶，實在沒有條件玩期貨。

誰適合玩期貨呢？退休族、不用工作的富二代或田僑仔，才比較合適。待業族、宅男宅女看來合適，但過不了下一個考核。

## 2. 你的本錢要夠多

你一定會反駁我，期貨不就是高槓桿的投資嗎？不是標

榜「以小搏大」嗎？但這是對口袋夠深，想要賺更多錢的人所做的訴求。除非你做得很順，且一開始每次都賺錢，你才有資格繼續玩下去。不要多，你每次只玩一口，只輸10點，一次賠 2000 元，看來還好，但是 10 次之後呢？就是 2 萬元。如果你想翻本，一次下兩口，想說只要賺 5點，就能把賠的賺回來，你就會越陷越深。

你會說，難道我每次都錯嗎？當然不會。但是，一旦你沒有風險意識，心存僥倖，災禍一定如影隨形。這就像「溫水煮青蛙」，看來每次輸得不多，就沒有戒心，一直玩到最後，就是輸光光，那隻青蛙最終也成爲餐桌上的佳餚。

有錢人有輸錢的條件，他不會輸到沒錢過日子，但是口袋不深的待業族和宅男宅女就要仔細評估了。

## 3. 你的心態要夠活

如果你沒買過股票，就玩期貨，或許比較容易賺錢。因爲一般投資人買賣股票的心態，還是比較偏多，擅長放空的人畢竟是少數。玩期貨的人一定要靈活，該做多就做多，該放空就放空，但很多投資人的心態已經根深蒂固，不易迅速切換，碰到大跌，心裡想的還是搶反彈，卻不知道大勢已去，反而應該要採取追空的策略才對。

買股票套牢就當長期投資，一來等著領股息，二來不賣

就不賠。但是，期貨每月都結算，當天就把帳算清，你不平倉照樣賠錢，同時也沒股息可領。

此外，若你手上有套牢的股票，你的心態很難期望大盤下跌，結果害你期貨也做多，變成「連環套」。不習慣放空的人，玩期貨會有很大的罩門。

### 4. 切記這世界沒有不勞而獲

選擇權比期貨更險惡，尤其是去做選擇權的「賣方」，也就是「莊家」，賺取到結算時就會消失的時間價值。做莊家太好賺，會讓你誤以為人生真有「不勞而獲」的美事。

我常用開車和搭飛機來比喻「買方」和「賣方」：「買方」常會賠錢，但都不多，像開車縱然有擦撞，但不會有性命之虞；「賣方」大部分時間都賺錢，像搭飛機，失事機率小，但只要一次，就要你命。

你如果非玩選擇權不可，做莊家一定要小心。

你有玩期貨的基因嗎？有的話，恭喜你，但請戒慎恐懼，千萬不能大意；沒有的話，就不要羨慕別人賺大錢。

期貨就是線上遊戲，千萬不要自以為是遊戲中的英雄。

# 50 權證是小資男女的樂透

　　或許你常在台北市公車的車廂外，看到一則廣告，上面寫著：「對小錢有利，正是權證大魅力」。「權證」究竟是什麼呢？

　　簡單的說，「權證」是一種權利金。舉例來說，如果你看好台積電（2330），想買一張現股，市價 107 元，你就得花 10 萬 7000 元，對小資男女來說太貴了，買不起。於是券商發明了「認購權證」，它跟你約定半年後，你可以用 110 元向它買台積電的股票，但是你要付 1 元權利金給券商，當然一次還是要買 1000 單位，也就是 1000 元。屆時，如果台積電漲到 115 元，券商會把差價 5000 元付給你，扣除原先付的 1000 元權利金，你就賺了 4000 元。但是，如果反而跌到 95 元，你最大的損失就是原先付的 1000 元。你不用花超過 10 萬元的成本，一樣可以賺到幾千元，但風險只有 1000 元。不過，權證的發行條件百百種，我只是舉最簡單的例子，讓你容易理解。因此，你在買進前，還是要非常仔細去了解。

　　如果你看壞台積電，你就去買「認售權證」，道理相同，只是方向相反。台積電跌的時候，你會賺；它漲的時候，

你就會損失權利金。

權證每天也可以買賣，不一定要等到到期再結算。現股的漲跌停是 7%，權證的漲跌停常常是幾十趴，甚至超過100%，或許一天就讓你賺一倍。像不像樂透？當然沒有上億的彩金可賺，但是賺錢的機率比樂透大太多了。

相對於股票，投資權證所需要的資金較少，而其價格大多不超過 2 塊，常常總價只要幾百塊，甚至有時一百元就可參加這遊戲，因此資金門檻也相對較低。同時，多頭市場時可買進認購權證，空頭市場時則可買進認售權證，資金操作的靈活性也相對較高。

它和期貨都是以小搏大的投機商品，但是它不需要上一篇所提的特別基因。

## 1. 你的時間「不用」多

因為權證到期通常還有好幾個月，不必每天盯著盤看。最好不要買一個月內要到期，又離履約價（例如之前提到的 110 元）很遠的權證。

## 2. 你的本錢「不用」多

因為你付的是權利金，不是保證金，不會因為下跌導致保證金不足，而被券商強制斷頭。你最大的風險就是賠光

你曾付出的權利金。

### 3. 你的心態「還是」要夠活

看好個股會上漲，就買「認購權證」；看好個股會下跌，就買「認售權證」，心態千萬不可以只做多。特別是基本面營收轉弱，且外資持續賣超的個股，甚至有些雖是多頭市場時的績優股，但股價已經超過本身內含價值，都成為買進「認售權證」的理想標的。

### 4. 切記這世界沒有不勞而獲

權證不能先賣再買，不像選擇權可以做「賣方」，所以沒有「不勞而獲」的好康存在，因此風險也不可能無限大。

希望各位讀者不要誤會，我並不是鼓勵大家把錢「大部分」都拿去買權證，而是說如果你平常有買樂透的習慣，就把它省下來去買權證吧！反正中樂透頭彩的機率趨近於零。或者你這個月有點外快收入，別去吃奢侈的大餐，拿一點去買權證吧！輸掉也不至於心疼。

努力存錢買績優股還是王道，權證買賣只是生活調劑。

# 51 連動債就是國王的新衣

很久以前，有一個國王非常愛穿新衣服，但國內的設計師就算絞盡腦汁，也無法讓他滿意。有一天，來了兩個騙子，他們自稱可以為國王織出既華麗又新奇的布料，然後把它做成全世界最好看的衣服。但是，這種布料只有聰明的人才看得見，傻瓜是看不見的。國王相信了他們，兩個騙子每天就在織布機上對空比劃，看來非常忙碌。

不久，國王派大臣去視察，他們什麼也看不到，但又害怕被認為是傻瓜，所以只好騙國王說，這真是一塊非常美麗的布料。最後，用這塊布料織成的新衣，送到了國王面前。儘管國王也什麼都看不見，但因為怕別人說自己是傻瓜，所以還是乖乖穿上這件新衣出巡。

街上的大人為了面子，都拍手喊讚。結果，被一個天真的小孩揭穿了國王全身光溜溜的真相，這才讓國王恍然大悟，但也從此淪為國人的笑炳。

為什麼要先講這個家喻戶曉的故事呢？因為市面上到處充斥的結構性金融商品，其實就是「國王的新衣」。

簡單來說，把不同的金融商品組合在一起，就是「結構性金融商品」。最有名的例子，就是引爆 2008 年金融海

嘯的雷曼連動債。金融商品的設計，最重要的就是價格的訂定，讓發行商（雷曼兄弟公司 Lehman Brothers）、經銷商（各金融通路），以及投資人都能賺到錢。

價格的訂定，當然是最基層的員工算出來的。別小看這些人，多的是哈佛名校出身，甚至都有博士學歷。他們算出來之後，主管一定要覆核。但是主管看得懂嗎？大部分是看不懂的，但怕被部屬嘲笑，只好簽字核准。一路簽到總經理，沒人敢承認自己看不懂，就推到市場上了。

各經銷商也不去真正了解該金融商品的設計內容，反正掛上「雷曼兄弟公司」的招牌，就是品質保證。全球最大的保險集團 AIG 又擔保這些雷曼連動債不會違約，還把這種保險再交給各經銷商賣到市場來。這真的就像赤壁之戰的「火燒連環船」了。

誰料得到全球第四大投資銀行會倒閉？ AIG 因為大到不能倒，美國只好出手相救，但終究還是造成金融海嘯。

投資人相信經銷商「保本」的訴求，以為它和定存一樣安全，解了定存來賺多一點的利息。結果，最後只拿回了本金的一、兩成。國王被騙脫光光，只是沒面子，但這些受害的投資人，可是看著多年積蓄付諸東流，真是情何以堪。

　　我以前在承銷商工作，有時候會幫上市公司發行「可轉換公司債」，來募集該公司未來業務拓展上所需的資金。可轉換公司債也是一種結構性商品，同樣牽涉到發行條件的設計與價格的訂定。我和那些主管一樣，拿到屬下的簽呈，閉了眼睛就簽，根本不知道他們到底算對了沒？

　　還好，轉換公司債都有掛牌上市，價格透明度比雷曼連動債大得多，就算要認賠出場也很容易，所以不至於釀成金融災難。

　　我離開職場後，曾賣過一陣子投資型保單。這種保單很多也是與結構性金融商品做連結，只要客戶問得深入一點，就算我是正統財經背景出身，也常常招架不住。我有一個大學同學，在國內一家傳產集團擔任投資主管，他說從來沒有一個理財專員可以把這種結構性金融商品講得很清楚，所以他從來都不買。這真是很大的諷刺，因為承認自己不懂的人都不買，不敢承認自己不懂的人卻拚命買，原來承認自己是「傻瓜」的人，才是真正聰明的。

 當傻瓜又有何妨，不懂的東西千萬別投資。

# 52 我的網拍經驗

這一篇或許和投資理財沒直接關係，但是透過上網拍賣的方式，把用不到的東西變賣換現金，也算是另一種「現金收入」吧！不然，留在家裡只會占地方，甚至還得花錢買收納箱來堆廢物呢！

我在證券公司服務了 15 年，除了薪水獎金之外，最大的福利就是每年會發一件西裝外套、兩件長褲、兩件長袖襯衫和兩條領帶。若今年發夏季的制服，隔年就發冬季的制服。雖然樣式普通，但不必費神想每天要穿什麼衣服。幾年下來，衣櫥都要不夠用了。

離開職場之後，已經不再需要每天西裝筆挺，所以實在沒有必要保留那麼多套，就決定上網賣一些。一件西裝外套加兩件同款西裝褲，只賣 990 元，銷路極佳，短短幾天就賣了 4 套。我在網站上會詳細說明衣服的各項尺寸，還有自己的身高體重，同時為了避免郵寄的煩惱，只開放自己取件。見到來取貨的人，果然都與我身材相仿，應該都能符合他們的需求。我清出了家裡的空間，他們買到了便宜又合身的西裝，對彼此都是雙贏的局面。

賣西裝不稀奇，我還一次賣了 5 件袖口衣領已泛黃的白

色長袖襯衫，總價 400 元。我在網站上也誠實表達衣服的狀況，因此我太太還和我打賭一定賣不掉。沒想到，依然順利成交。我還特別問買家，爲什麼要買這些穿不出去的襯衫？原來他是戶外工作者，買來只是爲了防晒而已，這樣我才釋懷了。

我也想過要賣子女小時候的衣服，但是完全沒成交。眞是天下父母心，自己可以穿二手的，小孩還是不要亂買來路不明的衣服。不過，兒童雜誌、教育性質的錄影帶、錄音帶還是很受歡迎。最紅的《巧連智》月刊，一本賣 50 元，刊了一小時就被買光了。

這些網拍品中，我賣得最多的物件，就是看過的書。我每本只賣定價的 5 折，而且是含掛號郵資在內，所以應該算是非常便宜，也幫自己的書櫃定期清理。書看過了，觀念吸收了，其實要再看的機會不多，還不如便宜賣，讓更多人可以得到和自己同樣的啓發。

眞是應了網站的那句經典廣告詞：「什麼都有，什麼都賣，什麼都不奇怪。」我太太曾經在家兼差需要用到的全開牛皮紙，一張只賣 3 元；老爸在河濱公園散步撿到的幾百顆高爾夫球，一顆只賣 5 元，都是我賣過比較特別，但非常暢銷的代表作。

最奇怪的拍賣品，應屬我自己製作的 power point 檔，內容是股市技術分析中最常見的 18 張圖表，一套 100 元。買家只要匯款進來，我就直接 email 到他的電子信箱，連相約見面取貨，或到郵局寄送都免了。前後總共賣了十幾套。原來投資人的求知慾這麼強，只要對賺錢有幫助，無論什麼都會捨得買。有一次，電腦當機，包括這個檔案在內的所有資料都不見了。我懶得重做一遍，因此這門輕鬆入帳的生意也就結束了。

網拍想要順利就只有兩個關鍵因素，一是便宜，二是誠實說明物件的狀況。不管賣多少，你都賺，因為留在家裡永遠不會變成現金，但賣不掉也沒關係。拍賣成本不高，只需很少的刊登費，有些網站甚至還是免費的，唯一要花的成本，就是拍照和打字的時間。只要刊登，便有機會，或許某一天，那個有緣人就會出現。

定期清理家中物件，原來處處都能變現金。

# 53 有多少錢才敢退休？

這是一個讓大多數人都惶恐的題目，也始終找不到標準答案。「喝水」是非常傳神的比喻，有人水還沒喝完就走了，有人水喝完了卻還沒走。到底要準備多少水（錢），才能「剛剛」好呢？

這牽涉到 3 個問題。第一，退休後每年生活費要多少？第二，你每年還能有多少收入？其實這就是投資報酬率的問題，也是最難做的假設。第三，你不可能剛好全部花完，那到底該留多少？

我先提出一個公式，再來分析給各位作參考。

公式如下：（每年生活費 ÷ 投資報酬率）＋（每年生活費 ×2 年）＝該準備的退休金

## 1.每年生活費

這是每個月生活費，乘以 12 個月，再加上大筆必要開支，如保險費、子女教育費等等。每個月生活費除了日常所需外，也包括房貸支出或房租支出，以及固定的孝親費等等。

還有，或許你不想過得太拮据，已經辛苦工作幾十年，晚年當然該好好犒賞一下自己。這時候，你就不能拿年輕

時省吃儉用的心態，來估計未來的生活費。當然，你要假設子女養活他們自己都不容易了，因此就別奢望他們能有多餘的錢來孝敬你。

如果你還有固定收入，例如房租收入、顧問收入、授課收入，就可以做為前述生活費的減項。

這個總金額越大，你要準備的退休金當然就要越多。如果你住的是自有的房子，不必付租金，而且房貸也已付清，當然就省很多。如果子女都已成年，也非靠爸族，又可以省一大筆開銷。換句話說，千萬不要在家計負擔還很重的時候，輕言退休。再怎麼大的委屈都要吞下去，保住工作最重要，畢竟現實生活裡不會有半澤直樹。

以我為例，扣除還會持續取得的固定收入，我和太太每年基本開銷仍需 40 萬。

### 2. 投資報酬率

如果你享有軍公教優惠存款利率 18%，你就根本不用煩惱了。如果我有的話，只需準備 223 萬就好了。計算的方法就是前項公式的左半邊：每年生活費 ÷ 投資報酬率（40 萬 ÷ 18% ＝ 223 萬）。

如果你什麼都不敢投資，只敢放定存，就需要 2667 萬（40 萬 ÷ 1.5% ＝ 2667 萬）。要累積到這麼多，還真不

是一般人做得到的事。

我認爲，投資報酬率應該設爲 5%。這個立論基礎，請見之前的另一篇短文〈打敗通貨膨脹率，就及格了〉，這樣就需準備 800 萬（40 萬 $\div$ 5% $=$ 800 萬）。

你可能會質疑，我的第一本書不是標榜「勝過 18%」嗎？怎麼現在如此保守，自打嘴巴？那麼，你應該重看之前另一篇短文〈一年應該出手幾次？〉，若能確實執行，就有機會達到 18%。

如果眞的達到 18%，我一年可賺 144 萬（800 萬 $\times$ 18% $=$ 144 萬），也就是說我在扣除 40 萬之後，還可以多賺 104 萬。然後，我會把多賺的部分，拿去旅行、換家具家電，以及做爲再買一間房屋的基金。

我絕對不會把多賺來的錢又全部拿去投資，那就會中了「複利效果」的毒。況且，晚年該是享受的時候，何必拚命賺錢，結果通通留給子女？如果 800 萬和投資收益全部都只做爲投資之用，那我豈不是還要準備可能的餘命 25 年的生活費 1000 萬元嗎？

## 3. 生活預備金

生活總有意想不到的事情，投資也可能正好碰到巨大股災，因此還是要準備一筆預備金。我認爲至少應準備 2 年，

當然越多越好。以我為例，只要超過 800 萬的部分，都應該做預備金，至少不能少於 80 萬。經過以上計算，我和太太最好有 880 萬，就不愁晚年了。

為了簡單起見，還可以把本文一開始的公式改為「每年生活費 ×22 ＝該準備的退休金」。因為每年生活費 ÷ 投資報酬率 5% ＝每年生活費 ×20，再加 2 年預備金，就是每年生活費的 22 倍。

最後，回答本文開頭的第 3 個問題：你不可能剛好全部花完，那到底該留多少？答案就是拿來做投資的 800 萬。因為投資收益拿來做生活開銷，完全沒有動到本金。此外，萬一沒有腦力再進行投資時，就用這筆錢度餘生吧！剩下的就給子女了。反正我也沒有苛待自己的晚年，留多少給子女，就隨緣了。

每年生活費 ×22 ＝該準備的退休金。

# 54 以防萬一的金融清單

「天有不測風雲，人有旦夕禍福」是壽險顧問在向你招攬保險時，一定會講的一句話。沒錯，當你萬一發生不幸時，家人會因為你生前的投保，而得到一些保障，甚至可以幫助他們度過一段家庭收入銳減的時期。

但是，你有想過家人知道你買了什麼保單嗎？要和誰連絡嗎？或許你是發生意外，走得突然，一定沒時間交代這些事。所以，把這些資訊事先寫下來，就很重要。

十幾年前，電腦還不普及的時候，我每次要搭飛機出國前，就會列出一張金融清單，把它放在一只信封裡，交給某個好朋友，然後告訴他：「如果你看到飛機失事的新聞，就把這只信封交給我太太，或是我的父母。如果沒事，就把它撕了。」現在，我不用這麼麻煩，直接用 WORD 打成文件，存在我的電腦裡，用一部我最喜歡的電影片名做檔名，告訴家人我一旦出事，就打開它，所有事情已經條列清楚，不用擔心。

或者，你並沒有去世，但因病喪失行為能力，也有必要交代家人。清單裡頭要寫什麼呢？只要和金融帳戶有關的事情都要寫進去，越詳細越好。

## 1.保險

你有哪些保險？業務員是誰？電話幾號？電子信箱是什麼？地址在哪裡？保單放哪裡？或者告訴家人這個業務員的名片放在哪裡，也是可以的。保單內容——例如可以申請多少理賠、還有哪些權益——倒不必羅列，屆時找到保單，或問業務員就好了。

## 2.銀行

每一個人大概都有很多本存摺，以及很多張提款卡。常常進出的戶頭都要寫下來，若是只剩幾十塊的靜止戶，不寫也沒關係。這裡面有兩個最重要的東西：一是印章，放在哪裡？二是密碼，臨櫃密碼和金融卡密碼究竟是幾號？最好存摺都集中放在一起，讓家人很容易找到。

再來，如果你有租用銀行保管箱，也要說明鑰匙和印章放在哪裡。以我為例，我所有和銀行往來的印章都是同一顆，就不必一一解釋哪本存摺用哪顆印章了。

如果家中水電、瓦斯、電話費、信用卡、保險費、房貸、車貸，以及各項稅款等等，都是從你的銀行戶頭轉帳，就務必要清楚交代哪些帳戶分別負責哪些項目。

銀行業務百百種，我無法在此做鉅細靡遺的說明，請各

位讀者秉持以上原則自行處理吧！

## 3. 股票

現代人幾乎沒有不買賣股票的，而且可能還在很多家證券公司下單。這時就要載明每一家券商的帳號是幾號、營業員是誰、電話幾號、有哪些庫存股票。或許種類繁多，就不必一一列出，告訴家人集保存摺放在哪裡即可，甚至直接請營業員查就可以了。至於當初買進的成本是多少？或許你自己都不清楚，其實也不重要，不用浪費時間寫了。

## 4. 債務債權

你還欠別人多少錢？或是別人還欠你多少錢？金額不大就算了，金額很大當然要交代。如果家人不知道你幫誰做保，最好也要寫下來，讓他們有心裡準備，因為這些都是「或有負債」。

該交代的太多，家家戶戶狀況也都不一樣，就請各位自行考量了。唯一要呼籲的就是，千萬別嫌麻煩，而且最好定期更新，這樣才是對家人最體貼的設想。

美國兩大老牌影星傑克・尼柯遜（Jack Nicholson）和摩根・費里曼（Morgan Freeman）演過一部喜劇片《一路玩

到掛》（*The Bucket List*），描述兩人自知來日無多，就把未完成的心願列出一張清單，希望趁有生之年盡快完成。除了「金融清單」，電影中提到的「願望清單」，或許大家也該列出來，完成一項就劃掉一項，也算不枉此生。

「金融清單」給家人，「願望清單」給自己。

# 55 不要什麼都當作投資

這是一個什麼都要扯到「投資」的年代。

漫畫公仔的收藏，本來只是一項純粹的個人嗜好，結果報導的重點，不是它帶來的樂趣，而是它可能有多大的增值空間。繪畫與骨董，應該只是有錢人向同好炫耀鑑賞力的收藏品，把它看成是投資，反而壞了它的風雅，也絕對不是這些人的原意。除此之外，紅酒、乳酪、普洱茶拿來享用，不是很好？結果也都成了投資的標的，一陣炒作後，終會有泡沫化的一天，下場一定會和當年荷蘭的鬱金香如出一轍。

我要提醒大家的是，如果你不是以上物品的愛好者，而是完全用投資的眼光來看它們，最好不要碰吧！

本來不是金融商品都可以拿來當投資，那麼所有的金融商品就應該更能當投資吧？錯！其中最被嚴重扭曲的，首推「保險」。顧名思義，它是為保障個人、財產或企業遭逢意外時，能獲得一些理賠，減少可能的損失。但是，如今的壽險業務員在介紹保險商品時，卻都是用「報酬率」做訴求。

在這個低利率的時代，保險公司已經找不到什麼好的投

資標的，投報率只有 2% 的建物都會搶得你死我活，怎麼可能給保戶高額的保障？只好大量推出「投資型保單」，讓你自己賺保障。口口聲聲說「預定利率」有多少，其實那是保險公司「假設」的報酬率，並不是它「保證」的報酬率。

業務員在面對保守的客戶，則會說：「買保險就是強迫自己儲蓄。」然後主推儲蓄型保險。但如果你只是要打敗銀行定存利率，有用嗎？你還是會被通貨膨脹率打敗。

別再陷入「投資」的迷思，回歸保險的本質，讓投資、儲蓄、保險各司其職才對。

「黃金」也被過度投資化了。「黃金存摺」的發明，絕對是始作俑者。黃金存摺就像股票集保存摺一樣，方便安全，因為根本沒有實體。當然，美國為因應金融海嘯所推出的量化寬鬆（QE）政策，也對黃金的投機色彩起了推波助瀾的效果。

股市有「股市名嘴」，黃金當然也有「黃金王子」或「黃金公主」來解盤，兩者所有的術語居然完全相同，投資人買賣黃金，也和股票一樣遵照技術指標短進短出。我突然慶幸，還好沒有發明「石油存摺」，否則散戶又有一個大顯身手的舞台。

　　黃金原本保值的功能不見了，因為太多人套在高檔。它的實用價值（首飾）和紀念價值（金幣）也被一陣炒作後，變得高不可攀。這都是被過度投資化的後果，讓人格外懷念以往行情穩定的美好時代。

　　「外匯」當然是拿來投資的金融商品，但這主要是指用途比較有限的澳幣、紐幣或南非幣。當中國大陸基礎建設需求暢旺時，這些礦產豐富的國家經濟當然強勁，幣值當然狂升，但一旦需求減緩，幣值也自然有壓力。這種特性最適合低買高賣，很多投資人應該都有嚐到甜頭。

　　反觀用途廣泛的美元、歐元或人民幣，我就建議不要把它們當投資。便宜的時候就買一些，留著總會有用到的時候。以前國內還不能承作人民幣業務時，我有一個朋友常跑兩岸，只要拿到人民幣就留下來，累積到今日，增值已經很可觀。

　　此外，「外幣存款」一方面圖高利，一方面圖匯差，但一定要小心，不要賺了利息賠了匯率。你要想清楚以下兩點：一是你究竟要賺的是利息？還是外匯？二是利息加匯差，或是利息減匯差，有打敗通貨膨脹率嗎？

　　「房地產」在你擁有一棟自住的房子後，才會成為投資的選項。如果你完全不用向銀行借貸就能買第二棟的話，

因為沒有利息負擔，就不會有投資的壓力，也就不急著賣，增值的空間才會大，保值的功能也才會充分顯現。

建議中南部的朋友，如果你有小孩到大台北地區來就學，而且你有經濟能力在台北置產的話，就直接買一間讓他住吧！畢業後就算原價賣掉，你都賺到了租金——我這樣說，太保守了，應該是肯定會賺錢。原本只是當「自住」，但「投資」屆時就會水到渠成了。

不要事事都想投資獲利，才能自在享受人生。

# 第五單元 ETF 推薦篇

# 56　ETF：Earnings of Top Fool

　　看到這裡，如果完全不管理財專家的看法，你一定會好奇，要投資什麼，才能輕輕鬆鬆賺錢呢？那就是這幾年最火紅的金融商品 ETF。

　　ETF 完整名稱是 Exchange Traded Fund，照字面翻譯成中文是「交易所買賣基金」，但這樣讓人更難理解，究竟葫蘆裡賣什麼藥？後來，大家把它稱爲「指數型股票基金」，這樣傳神多了。學 hTC 宏達電（2498）找鋼鐵人拍廣告的哏，我也來拆解 E、T、F 這 3 個英文字母。

　　Enjoy Trading Fun：享受交易的樂趣。

　　Earnings of Top Fool：大傻瓜的獲利。

　　我尤其喜歡第 2 個。爲什麼呢？且聽我慢慢道來。

　　ETF 就是透過精心計算的投資組合，讓它的走勢完全貼近它所追蹤的指數。指數漲 1%，它就漲 1%；指數跌 2%，它絕對不會跌得比 2% 還多。這有什麼好處？至少你的投資報酬率與大盤一模一樣，晚上可以好好睡覺。很多人都自以爲聰明，認爲自己的投資績效一定可以打敗大盤，如果眞是如此，爲什麼 80%，甚至 90% 的投資人都是虧損的呢？

把自己看成「大傻瓜」（Top Fool），能夠和大盤一樣就心滿意足，這樣反而能夠有令人滿意的「獲利」（Earnings）。

接下來，我會概略說明 ETF 和大盤、個股、基金，以及期貨的差異。看完之後，你就會知道 ETF 有多迷人了。

## 1. ETF 和大盤的比較

我把台股大盤日線圖和台股最具代表性的 ETF「台灣50」（0050）日線圖同時放在下一頁，你看，像不像一對雙胞胎？

但是它的報酬率真的只會和大盤一樣嗎？錯！它會比大盤更好。假設一年大盤漲了 10%，但是它絕對不會是一條由指數 7700 漲到 8500 的直線，而是上上下下非常曲折的一條線，你若能掌握每一個波段的高低點，加起來的報酬率保守估計，可達 15~20%。如何做到？請看我的第一本書《只買一支股，勝過 18%》。

## 圖一 大盤日線圖

日　線　　KD,J　　　　　　　　　　加權指數(#001)　最後日期：2013/11/29

開盤8374　最高8415　最低8365　收盤8407　成交量85795　漲跌44
--- MA5 8300 △　　　‥‥ MA20 8229 △　　　·－· MA60 8278 △

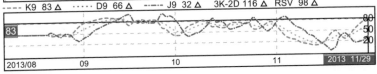

--- K9 83 △　　　D9 66 △　　　·－· J9 32 △　　　3K-2D 116 △　　RSV 98 △

2013/08　　　09　　　　　　10　　　　　　11　　　2013 11/29

## 圖二 台灣 50 日線圖

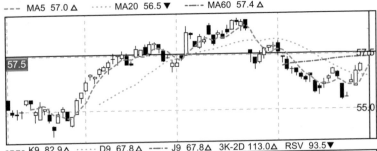

日　線　　KD,J　　　　　　　　　　台灣50(0050)　最後日期：2013/11/29

開盤57.4　最高57.7　最低57.3　收盤57.5　成交量14721　漲跌0.2
--- MA5 57.0 △　　　‥‥ MA20 56.5 ▼　　　·－· MA60 57.4 △

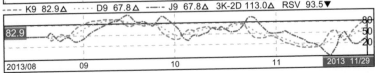

--- K9 82.9△　　　D9 67.8△　　·－· J9 67.8△　　　3K-2D 113.0△　　RSV 93.5▼

2013/08　　　09　　　　　　10　　　　　　11　　　2013 11/29

## 2. ETF 和個股的不同

個股可能被人為操控，不只容易暴漲暴跌，還可能變成「地雷股」。同時，個股充滿想像空間，看好時，一路漲不回頭；看壞時，也是一路跌不回頭。任何技術指標都可能鈍化，不易找到低點來買，也不易找到高點來賣。

ETF 因為和大盤連動，幾乎不可能被人為操控，裡面大部分是市值很大的績優股，變成「地雷股」的機率微乎其微。再來，它完全沒有想像空間，所以跌多了一定反彈，漲多了一定回檔，只要照著技術指標操作，就能輕易找出相對的高低點。

## 3. ETF 和基金的不同

我們平常買的股票基金稱為「主動式操作基金」，看基金經理人的選股來拚績效。ETF 則是「被動式操作基金」，它已經把投資組合和每一檔個股所占的比例規定好，所以完全不必經過人腦的判斷，也不用和別的基金拚績效。你買一般基金能否賺錢，完全取決於基金經理人的能力和操守。今年績效好，不代表明年一樣好，而且基金經理人可能會異動，你完全處於被動的立場。最慘的是碰到不肖經理人，你又能奈他何？

## 4. ETF 和期貨的不同

兩者都跟指數有關，但風險卻是天差地遠，關鍵在於期貨每個月都要結算一次，只要在結算那一天，你看錯了，就要認賠出場；但 ETF 永遠不結算，即使套牢，每年還有股息可以領，屆時就把它當定存，而且總有解套的機會。另外，你做期貨，即使不到結算那一天，只要你的帳面虧損侵蝕到保證金，就會直接被斷頭；但是 ETF 就算你融資買進，因為波動不大，幾乎不可能被斷頭。

別期待打敗大盤，ETF 最能讓你無憂無慮。
傻傻賺，氣最長。

# 57 湯姆‧克魯斯和湯姆‧漢克斯

你看到這個標題，一定感到很奇怪，這兩個知名的好萊塢男明星跟投資理財有什麼關係？

這個疑問也曾經讓邀請我上電視的財經台製作單位很迷惑。因為我先把他們兩位分別主演的電影海報傳給節目企畫，希望他們屆時製作兩張圖卡，以便配合我的口頭說明。

這兩張海報也是我應邀演講時的開場白，能夠立刻炒熱現場氣氛，透過兩部電影的對比和比喻，來闡述我的投資理念。

第一張海報是湯姆‧克魯斯（Tom Cruise）年輕時主演的空戰經典《捍衛戰士》（*Top Gun*）。他飾演英俊帥氣的飛官，駕著戰鬥機翱翔天際，瞬間爬昇至高空，然後俯衝殲敵，不知迷倒多少男女觀眾。

大部分的投資人都希望自己是湯姆‧克魯斯，不論是自己研究，還是到處聽明牌，就是希望能找到狂飆股。當買進之後，連續拉出幾根漲停板，真是大快人心；賣掉之後，便開始一路狂跌，操盤之神勇，宛如是戰鬥機英雄。

但是，話鋒一轉。我調侃自己比較像頭髮微禿的湯姆‧

漢克斯（Tom Hanks）。接著，觀眾或參加演講的學員就看到了第 2 張海報，湯姆·漢克斯主演的浪漫喜劇《航站情緣》（*The Terminal*）。一個剛剛飛抵紐約機場的外國人，陰錯陽差喪失國籍，只好滯留機場好幾個月。

我只求搭著別人駕駛的民航機，安全抵達目的地就好，就像我這幾年專心買賣台股最具代表性的 ETF「台灣 50」（0050），只追求和大盤指數同步，期望獲利穩定即可，完全不奢望靠股票賺到 50%，甚至翻倍的利潤。

演講時可以和學員即時互動，是非常有趣的一件事。當場，就有人吐槽我，問我為什麼不用湯姆·漢克斯主演的另一部電影，描述一個快遞公司飛行員失事墜落荒島，如何自我求生的《浩劫重生》（*Cast Away*）？我說，當然不能用這部電影，用了就會砸了自己的招牌。因為，這是大部分散戶的下場，自以為會開飛機，還好結果不是困荒島，而是住套房。

曾有學員吐槽，他問：「湯姆·漢克斯被困在機場好幾個月，又該如何看待？」還好我反應靈敏，立刻提出反駁：「但是他在機場有吃有喝，還跟美女大談戀愛，就好像『台灣 50』每年都有配股息給你，而且每年都填息。如果這樣，住機場不好嗎？有的股票既沒配息，就算配息也不會

填息，更慘吧！」說完之後，全場掌聲不斷。

我在 2008 年金融海嘯之前，也自以為是湯姆‧克魯斯。台大商學系畢業，證券公司 15 年資歷，這種背景怎麼可能會輸給大盤？結果真是汗顏，所幸逃過兩次股災，否則一樣是賠得灰頭土臉。既然打不過大盤，退而求其次，只要和大盤一樣就阿彌陀佛了。

然後，我就專心進出「台灣 50」這支和大盤連動性最強的股票，配合 KD 值抓高低點，掌握大盤節奏，順勢而為，如今甘願只做湯姆‧漢克斯。原來，長相平凡，動作不俐落（股性牛皮），演藝（投資）之路才能長長久久。

最後，我用曾經一起上電視的來賓所說的一段話，來和各位分享：

買個股，只會成為短期的幸運者；
買指數，才能成為長期的贏家。

# 58 大家都瞧不起「台灣50」

很多看過我第一本書《只買一支股，勝過18%》的人，都很認同「台灣50」（0050）的投資價值，但是在一般投資人的印象中，它就是和大盤一致的牛皮股。每個人都想打敗大盤，也認為可以打敗大盤，所以對「台灣50」不屑一顧。

有一個很久沒連絡的朋友，幾年前打了通電話給我，希望我推薦一支明牌給他，我說「台灣50」，他居然很生氣，認為我在敷衍他，便掛了電話。

我另外一個朋友花了好幾萬元去上技術分析班，老師見大家都聽不懂，一氣之下就說：「我看你們去買『台灣50』就好了，別在這裡浪費時間。」

還有一個擔任券商自營部門主管的朋友，他也認同「台灣50」是一個非常好的投資標的，但是他根本不敢買，因為總經理一定會把他罵到臭頭：「我幹嘛花錢請你來買『台灣50』？我自己不會買啊？」

以上都不是笑話，而是真實發生在我身邊的故事。很多人都說，他自己就會買「台灣50」，何需我來介紹？但是這種人到頭來都不會去買。

接下來，我要用以下 3 張表來反駁這種人的成見。

表一是你真的衰到家，從「台灣 50」上市以來，在不同年度用當年「最高價」買進後，抱著不賣，到 2013 年 12 月底的報酬率。2007 年，假設你在指數最高點 9859，用最高價 72.3 元買進，也不過小虧 1%，你很多的個股跌幅，絕對不只 1% 吧？

表二是你真的福星高照，在不同年度用當年「最低價」買進後，抱著不賣，到 2013 年 12 月底的報酬率。每一年都是正報酬，而且 2003、2008 和 2009 這 3 年報酬率都超過一倍以上。

表三是假設你在 2003 年用上市價 36.98 元買進後，抱著不賣，到 2013 年 12 月底的報酬率，也是翻一倍以上。

最棒的一點是它每年都填息，短則一個禮拜，最長也不過 102 天。請問，上市公司有幾家做得到？

如果這樣，你還嫌「台灣 50」績效差，不滿意的話，我也沒話說了。經過國內 319 槍擊案、美國次貸風暴、全球金融海嘯、歐債危機後，不賠錢都已經是鳳毛麟角了，更遑論賺幾十趴，甚至翻倍了。

## 表一 最高價

| 買進年度 | 最高價 | 累計配息 | 股息報酬率 | 2013/12/31<br>收盤價 | 價差 | 價差報酬率 | 合報酬率 |
|---|---|---|---|---|---|---|---|
| 2003 | 49.00 | 18.70 | 38.16% | 58.70 | 9.70 | 19.80% | 57.96% |
| 2004 | 53.70 | 18.70 | 34.82% | 58.70 | 5.00 | 9.31% | 44.13% |
| 2005 | 48.00 | 18.70 | 38.96% | 58.70 | 10.70 | 22.29% | 61.25% |
| 2006 | 59.30 | 16.85 | 28.41% | 58.70 | -0.60 | -1.01% | 27.40% |
| 2007 | 72.30 | 12.85 | 17.77% | 58.70 | -13.60 | -18.81% | -1.04% |
| 2008 | 65.85 | 10.35 | 15.72% | 58.70 | -7.15 | -10.86% | 4.86% |
| 2009 | 55.15 | 8.35 | 15.14% | 58.70 | 3.55 | 6.44% | 21.58% |
| 2010 | 58.10 | 7.35 | 12.65% | 58.70 | 0.60 | 1.03% | 13.68% |
| 2011 | 63.20 | 5.15 | 8.15% | 58.70 | -4.50 | -7.12% | 1.03% |
| 2012 | 56.20 | 3.20 | 5.69% | 58.70 | 2.50 | 4.45% | 10.14% |
| 2013 | 59.15 | 1.35 | 2.28% | 58.70 | -0.45 | -0.76% | 1.52% |

註：最高價係指當年除息前最高價

## 表二 最低價

| 買進年度 | 最高價 | 累計配息 | 股息報酬率 | 2013/12/31 收盤價 | 價差 | 價差報酬率 | 合報酬率 |
|---|---|---|---|---|---|---|---|
| 2003 | 36.92 | 18.70 | 50.65% | 58.70 | 21.78 | 58.99% | 109.64% |
| 2004 | 40.90 | 18.70 | 45.72% | 58.70 | 17.80 | 43.52% | 89.24% |
| 2005 | 43.90 | 18.70 | 42.60% | 58.70 | 14.80 | 33.71% | 76.31% |
| 2006 | 49.30 | 16.85 | 34.18% | 58.70 | 9.40 | 19.07% | 53.25% |
| 2007 | 53.05 | 12.85 | 24.22% | 58.70 | 5.65 | 10.65% | 34.87% |
| 2008 | 29.10 | 10.35 | 35.57% | 58.70 | 29.60 | 101.72% | 137.29% |
| 2009 | 30.01 | 8.35 | 27.82% | 58.70 | 28.69 | 95.60% | 123.43% |
| 2010 | 47.95 | 7.35 | 15.33% | 58.70 | 10.75 | 22.42% | 37.75% |
| 2011 | 49.50 | 5.15 | 10.40% | 58.70 | 9.20 | 18.59% | 28.99% |
| 2012 | 47.50 | 3.20 | 6.74% | 58.70 | 11.20 | 23.58% | 30.32% |
| 2013 | 52.95 | 1.35 | 2.55% | 58.70 | 5.75 | 10.86% | 13.41% |

註：最低價係指當年除息前最低價

## 表三 上市價

| 買進年度 | 最高價 | 累計配息 | 股息報酬率 | 2013/12/31 收盤價 | 價差 | 價差報酬率 | 合報酬率 |
|---|---|---|---|---|---|---|---|
| 2003 | 36.98 | 18.70 | 50.57% | 58.70 | 21.72 | 58.73% | 109.30% |

　　如果你不是抱著不賣，而是像我書中所寫，依照 KD 值低買高賣，順著大盤起伏節奏進出的話，獲利一定更為可觀。

　　很多朋友聽我傳道很多次之後，也願意試試看。但是，有時候就是這麼巧，剛好碰到大盤狹幅盤整好幾個禮拜，他們就受不了了，把它全數出清，還是回到選股的輪迴。

　　還有一些人雖然買了，但是碰到大盤下跌，為了攤平他手中原本套牢的個股，看「台灣 50」沒有賠多少，就把它賣了，最後一樣享受不到它穩健的投資效益。

　　如果你從來都沒買過股票的話，我建議你就專心只買這一支，屆時你一定能夠深深體會它的魅力。

鄧小平說過一句話：「不管黑貓白貓，會抓老鼠的就是好貓。」「台灣 50」就是那隻好貓。

# 59 2330＝0050

如果你是小學生，一定會說我的題目寫錯了，因為這兩個數字怎麼會相等？但是，如果你是投資人，就知道我在說什麼。我的意思是，台積電（2330）可以仿照「台灣50」（0050）的方法來進出。

我在本書很多短文中，一直強調技術指標 KD 值用在大盤指數最準。K 值若跌到 20 以下，代表這裡是低檔無多的超賣區，應該買進；若漲到 80 以上，代表這裡是高檔有限的超買區，應該賣出。既然「台灣 50」和大盤連動性這麼強，大盤漲 1％，它就漲 1％，大盤跌 1％，它絕對不會下跌超過 1％，因此我們就可以完全依照技術指標的節奏來進出，然後輕鬆穩健地賺取投資收益。

有一個簡單換算「台灣 50」的方法，就是指數每 1000 點，它就值 7 元。指數 7000 點時，它差不多就是 49 元；指數 8000 點時，它大概就是 56 元。不過，每年它除息前後的 10 月和 11 月，因為牽涉含息與除息的關係，會比較不準，但其他月分用以上公式換算，真的很接近。

大家應該都知道，「台灣 50」是一種被動式基金，它的成分股就是台股市值前 50 名的公司。台股市值第一名

是哪一家公司？如果你猜台積電以外的任何公司，就該打屁股。

第一名當然是台積電，依據發行公司元大寶來投信 2013 年 9 月 30 日公布的資料，它占「台灣 50」持股的 21.07%。因此，台積電對台股指數的影響力也是非常巨大的，它每漲跌 1 毛錢，指數就差不多漲跌 1 點。有時候，如果大盤膠著，成交量又低，你就會發現，台積電漲 5 毛，大盤就漲 5 點，它跌 5 毛，大盤就跌 5 點，這時大盤走勢就會變成鋸齒狀。

台積電的外資持股超過 7 成，因此外資最愛用它的買進或賣出，來操縱指數漲跌，以便在期貨交易上，忽多忽空兩頭賺。很多散戶不愛買台積電，嫌它太牛皮，但各位有外資聰明嗎？外資這麼愛買台積電，你為什麼不跟呢？

投顧老師總是愛分析大盤，卻又叫大家好好選股，前者頭頭是道，後者亂槍打鳥，結果你總是選錯股。那麼，就乾脆貼著指數進出好了。你瞧不起「台灣 50」，不想買它，那就照著台積電的 KD 值決定買賣時點也可以。兩者的做法完全一樣，每年股息殖利率也都在 3% 左右，而且每年都能填息，但還是有 3 點不同。

## 1. 證交稅

賣出「台灣 50」的證交稅只有總價款的 1‰，但是賣出台積電卻是 3‰，光這一項成本，後者就是前者的 3 倍。

## 2. 報價單位

「台灣 50」目前大約 50 幾元，報價單位是 5 分錢；台積電市價目前超過 100 元，報價單位是 5 毛錢。差別在於你多花一檔價位買進時，前者要多花 50 元，後者卻要多花 500 元，成本又差了 10 倍。舉例來說，「台灣 50」現在買進價是 57.1 元，賣出價是 57.15 元，你為了確定可以買到，你會掛 57.15 元買進，這樣就多花了 50 元。但是，台積電現在買進價是 105 元，賣出價是 105.5 元，你若一定要買到它，就得多花 500 元。

順帶一提，如果「台灣 50」跌破 50 元，報價單位降為 0.01 元，而台積電若跌破 100 元，報價單位則降為 0.1 元，不過還是一樣差 10 倍。

## 3. 風險

「台灣 50」的風險是政治風險，台積電的風險是張忠謀能否一直領導這個公司。後者的風險雖然已是所有上市上櫃公司中最低的，但還是比前者大。萬一台灣真的有政治風險，台積電也不可能置身事外。

要看到台積電跌停，雖然不容易，但機會還是比「台灣50」高一點點；要看到後者跌停，當天台股一定是崩盤了，全部股票保證全數躺平，否則幾乎不可能。反過來說，要看到台積電漲停，雖然不容易，但機會還是比「台灣50」高一點點；要看到後者漲停，當天台股一定全部漲停了，這有可能嗎？但我真的看過兩天開盤漲停，這時機不可失，一定要先賣一趟，它激情過後，一定會跌下來讓你回補。

環肥燕瘦，各有所愛，就請各位讀者自行決定了。

# 60 這種績效，我已滿意

這一年來，有許多機會和讀者以及參加演講的學員互動，發現有些人本來就是「台灣50」（0050）的忠實粉絲，有些人則是看過我的書，身體力行之後，才發現它的美好。

其中有位讀者，看完書之後，又正巧聽到我在某宗教性質的電台受訪，提到「你要像相信上帝一樣，相信『台灣50』。」所以，他決定完全照我書上的方法演練一遍。後來，他不只在我的臉書上發私訊謝謝我，並說「這種績效，我已滿意」，甚至還願意提供對帳單給出版社，做為真實的見證。

他從 2013 年 8 月 8 日首次買進，直到 9 月 11 日完全出清，用將近 170 萬元，陸續買進，總共買了 31 張，最後全部賣出，合計賺了 58200 餘元，報酬率為 3.44%。看來也沒有什麼稀奇，但他說最重要的是，這個方法實在太輕鬆簡單了，而且這段期間，心情踏實，完全不會焦慮。

讓我們來看看他是如何進出的？請對照下表，並閱讀以下的詳細說明。這個進出表就是用我的「快樂傻瓜記帳法」來記錄的。

## 臺灣 50 進出表

| △ | 日期 | 買進張數 | 買進價格 | 買進成本 |
|---|---|---|---|---|
| A | 2013/8/8 | 1 | 55.05 | 55,128 |
| B | 2013/8/8 | 1 | 55.00 | 55,078 |
| C | 2013/8/8 | 1 | 54.95 | 55,028 |
| D | 2013/8/8 | 2 | 54.90 | 109,956 |
| E | 2013/8/14 | 4 | 55.15 | 220,914 |
| F | 2013/8/19 | 2 | 54.90 | 109,956 |
| G | 2013/8/19 | 2 | 54.95 | 110,056 |
| H | 2013/8/20 | 2 | 54.70 | 109,555 |
| I | 2013/8/20 | 2 | 54.65 | 109,455 |
| J | 2013/8/20 | 2 | 54.60 | 109,355 |
| K | 2013/8/22 | 2 | 54.20 | 108,554 |
| L | 2013/8/22 | 2 | 54.10 | 108,354 |
| M | 2013/8/22 | 4 | 54.00 | 216,307 |
| N | 2013/8/22 | 4 | 53.90 | 215,907 |
|  |  |  |  |  |
|  |  |  |  |  |
|  |  |  |  |  |
|  |  |  |  |  |
| P | 2013/9/3 | 2 | 56.65 | 113,461 |
|  |  |  |  |  |
|  |  |  |  |  |
|  |  |  |  |  |
|  |  |  |  |  |
|  |  |  |  |  |
|  |  |  |  |  |
|  |  |  |  |  |
|  |  |  |  |  |
|  |  |  |  |  |
|  |  |  |  |  |
|  |  |  |  |  |
|  |  |  |  |  |
|  |  |  |  |  |
|  | 總張數 | 31 | 總投入資金 | 1,693,603 |

| 賣出張數 | 賣出價格 | 賣出金額 | 日期 | 單筆損益 | 累計損益 | △ |
|---|---|---|---|---|---|---|
| | | | | | | |
| | | | | | | |
| | | | | | | |
| | | | | | | |
| | | | | | | |
| | | | | | | |
| | | | | | | |
| | | | | | | |
| | | | | | | |
| | | | | | | |
| | | | | | | |
| | | | | | | |
| | | | | | | |
| | | | | | | |
| | | | | | | |
| 4 | 55.80 | 222,660 | 2013/8/30 | 6,753 | 6,753 | N |
| 2 | 56.00 | 111,729 | 2013/9/2 | | | M |
| 2 | 56.30 | 112,328 | 2013/9/2 | 7,750 | 14,503 | M |
| 2 | 56.60 | 112,926 | 2013/9/3 | 4,572 | 19,075 | L |
| | | | | | | |
| 4 | 56.30 | 224,655 | 2013/9/4 | 6,746 | 25,821 | J,K |
| 2 | 56.60 | 112,926 | 2013/9/5 | 3,471 | 29,292 | I |
| 2 | 56.70 | 113,126 | 2013/9/5 | 3,571 | 32,863 | H |
| 2 | 56.80 | 113,326 | 2013/9/5 | 3,270 | 36,133 | G |
| 2 | 56.90 | 113,525 | 2013/9/6 | 64 | 36,197 | P |
| 2 | 57.00 | 113,724 | 2013/9/6 | 3,768 | 39,965 | F |
| 2 | 57.10 | 113,924 | 2013/9/9 | | | E |
| 2 | 57.15 | 114,024 | 2013/9/9 | 7,034 | 46,999 | E |
| 2 | 57.50 | 114,722 | 2013/9/10 | 4,766 | 51,765 | D |
| 2 | 57.35 | 114,423 | 2013/9/11 | 4,317 | 56,082 | B,C |
| 1 | 57.40 | 57,262 | 2013/9/11 | 2,134 | 58,216 | A |
| | | | | | | |
| | | | | 報酬率 | 3.44% | |

　　8 月 8 日，當天大盤日 K 值已來到 12，就是我書中反覆提到的超賣區 20 以下，他決定依照紀律進場。當天指數大約在 7900 點附近，他買了 5 張，平均在 55 元上下。

　　他是個上班族，不方便在盤中進出，所以只要日 K 值低於 20，他就會在上班前，用不同價位在網路上預約掛單。

　　然後，他一路買到 8 月 22 日，當天指數來到那段期間的最低點 7737，總共買了 31 張，平均成本 54.55 元。當日，K 值來到 23，離開超賣區，他就決定不繼續買了，準備等高點再賣出。（見圖一～圖四）

　　8 月 30 日，他看大盤從 8 月 28 日低點到 29 日收盤，已經大漲近 200 點，日 K 值也來到 70，所以決定先落袋為安 4 張，賣在 55.8 元。事後檢討，他承認自己太躁進，這 4 張賣早了，因為日 K 值還沒到 80 嘛！

　　接著，他確實按照紀律，在日 K 值來到 80 以上，陸續賣出，直到 9 月 11 日，日 K 值來到 93，才全部出清，最高賣在 57.4 元，平均賣出價則為 56.65 元。（見圖五～圖八）

　　這中間出現一個小插曲。他 9 月 3 日休假在家，想賣出 2 張，卻誤敲成「買進」，因為是在 80 以上的超買區買的，不敢久抱，9 月 6 日見高檔 56.9 元，還能小賺幾十元，就

把它賣了。他說，看盤反而會出錯，還是上班前預約掛單就好。

事後來看，大盤指數從他最後一筆賣出的 9 月 11 日，大約 8200 點左右，又繼續漲到 8465 點，「台灣 50」除息前，也漲到 59.15 元。你一定會說，他少賺了好多錢。但是，大家常說「千金難買早知道」，更何況後來又有馬王政爭、美國政府關門，以及美債上限萬一不能調高的種種利空，誰能準確預測未來呢？

他非常認同我的一個看法，「判斷」太難了，沒有人能抓到最終的高點，那麼就按照「紀律」，至少能穩健獲利，而且股市進出總要有一個可以依循的方法吧！不然就得每天碰運氣了。因此，短短一個月能有 3.44% 的報酬率，他就願意跟我說「這種績效，我已滿意」了。

不必做功課，不必花時間，照著日 K 值進出，就能輕鬆穩穩賺。

## 圖一 8 月 8 日大盤走勢圖

| 日　線 | KD,J | | 加權指數(#001) | 最後日期：2013/09/30 |

開盤7910　最高7932　最低7894　收盤7908　成交量83001　漲跌-14
--- MA5 8021 ▼ ······ MA20 8130 ▼ --·-- MA60 -

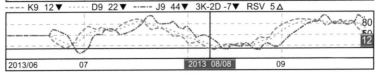

--- K9 12 ▼ ······ D9 22 ▼ --·-- J9 44 ▼ 3K-2D -7 ▼ RSV 5 △

## 圖二 8 月 8 日 0050 走勢圖

| 日　線 | KD,J | | 台灣50(0050) | 最後日期：2013/09/30 |

開盤55.0　最高55.1　最低54.8　收盤54.9　成交量25090　漲跌-0.2
--- MA5 55.8 ▼ ······ MA20 56.6 ▼ --·-- MA60 -

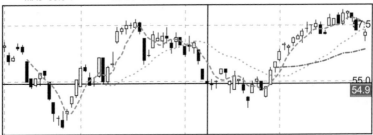

--- K9 15.2 ▼ ······ D9 27.7 ▼ --·-- J9 52.6 ▼ 3K-2D -9.7 ▼ RSV 4.3 △

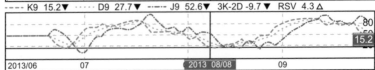

## 圖三 8 月 22 日大盤走勢圖

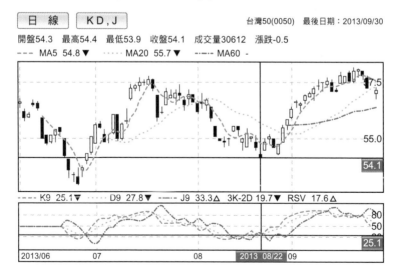

| 日　線 | KD,J | | 加權指數(#001)　最後日期：2013/09/30 |

開盤7779　最高7826　最低7737　收盤7814　成交量92109　漲跌-18

--- MA5 7872 ▼　　　…… MA20 7994 ▼　　-·-·- MA60 -

--- K9 23 △　…… D9 22 △　-·-·- J9 20 ▼　3K-2D 24 △　RSV 31 △

2013/06　　　07　　　　　08　　　2013 08/22 09

## 圖四 8 月 22 日 0050 走勢圖

| 日　線 | KD,J | | 台灣50(0050)　最後日期：2013/09/30 |

開盤54.3　最高54.4　最低53.9　收盤54.1　成交量30612　漲跌-0.5

--- MA5 54.8 ▼　　　…… MA20 55.7 ▼　　-·-·- MA60 -

--- K9 25.1 ▼　…… D9 27.8 ▼　-·-·- J9 33.3 △　3K-2D 19.7 ▼　RSV 17.6 △

2013/06　　　07　　　　　08　　　2013 08/22 09

## 圖五 8 月 30 日大盤走勢圖

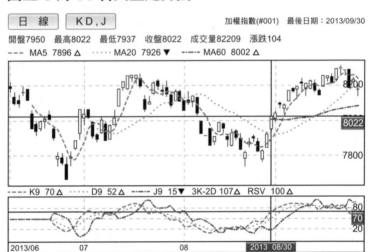

日 線　KD,J　　　　　　　加權指數(#001)　最後日期：2013/09/30

開盤7950　最高8022　最低7937　收盤8022　成交量82209　漲跌104
--- MA5 7896 △　　…… MA20 7926 ▼　-·- MA60 8002 △

--- K9 70 △　…… D9 52 △　-·- J9 15 ▼　3K-2D 107△　RSV 100 △

2013/06　　07　　08　　2013 08/30

## 圖六 8 月 30 日 0050 走勢圖

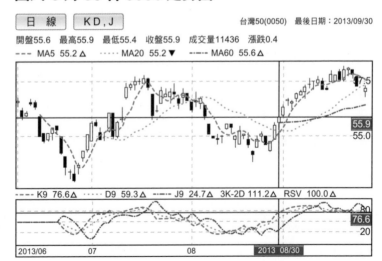

日 線　KD,J　　　　　　　台灣50(0050)　最後日期：2013/09/30

開盤55.6　最高55.9　最低55.4　收盤55.9　成交量11436　漲跌0.4
--- MA5 55.2 △　　…… MA20 55.2 ▼　-·- MA60 55.6△

--- K9 76.6△　…… D9 59.3△　-·- J9 24.7△　3K-2D 111.2△　RSV 100.0△

2013/06　　07　　08　　2013 08/30

## 圖七 9月11日大盤走勢圖

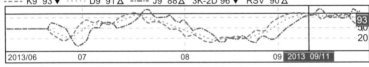

日 線　KD, J　　　　　　　　　　加權指數(#001)　最後日期：2013/09/30

開盤8175　最高8209　最低8137　收盤8209　成交量89870　漲跌0

--- MA5 8189 △　　　····· MA20 7991 △　　　-·-· MA60 8105 △

--- K9 93 ▼　　　····· D9 91 △　　　-·-· J9 88 △　　3K-2D 96 ▼　　RSV 90 △

2013/06　　　07　　　　08　　　　09　2013 09/11

## 圖八 9月11日 0050 走勢圖

日 線　KD, J　　　　　　　　　　台灣50(0050)　最後日期：2013/09/30

開盤57.5　最高57.5　最低57.1　收盤57.5　成交量20577　漲跌0.1

--- MA5 57.2 △　　　····· MA20 55.8 △　　　-·-· MA60 55.8 △

--- K9 94.4 △　　　····· D9 92.3 △　　　-·-· J9 88.2 △　　3K-2D 98.4 ▼　　RSV 95.5 △

2013/06　　　07　　　　08　　　　09　2013 09/11

WIN 系列 006

## 理財不必學，就能輕鬆賺

作　　者——施昇輝
主　　編——顏少鵬
責任編輯——麥淑儀
責任企畫——張育瑄
美術設計——張雅惠

總 編 輯——李采洪
董 事 長——趙政岷
出 版 者——時報文化出版企業股份有限公司
　　　　　108019 台北市和平西路 3 段 240 號 3 樓
　　　　　發行專線 —（02）2306 — 6842
　　　　　讀者服務專線 — 0888 - 231 - 705
　　　　　　　　　　（02）2304 — 7103
　　　　　讀者服務傳真 —（02）2304 — 6858
　　　　　郵撥 — 19344724 時報文化出版公司
　　　　　信箱 — 10899 臺北華江橋郵局第 99 信箱
時報悅讀網 —— http://www.readingtimes.com.tw
讀者服務信箱 — newstudy@readingtimes.com.tw
時報出版愛讀者粉絲團 —— http://www.facebook.com/readingtimes.2
法律顧問——理律法律事務所 陳長文律師、李念祖律師
印　　刷——紘億印刷有限公司
初版一刷—— 2014 年 1 月 10 日
初版六刷—— 2022 年 9 月 13 日
定　　價——新台幣 280 元
（缺頁或破損的書，請寄回更換）

時報文化出版公司成立於一九七五年，
並於一九九九年股票上櫃公開發行，於二〇〇八年脫離中時集團非屬旺中，
以「尊重智慧與創意的文化事業」為信念。

理財不必學, 就能輕鬆賺 / 施昇輝著 .-- 初版 .-- 臺北市：
時報文化, 2014.01
面；　公分 --（WIN 系列；6）
ISBN　978-957-13-5884-0（平裝）
1. 股票投資 2. 理財

563.53　　　　　　　　　　　　　　　　102026715

ISBN978-957-13-5884-0
Printed in Taiwan